企業事故の発生メカニズム
「手続きの神話化」が事故を引き起こす

谷口勇仁 著

A Mechanism of Corporate Accidents
Corporate Accidents as a Result of
Work Procedure Mythologization

東京 白桃書房 神田

まえがき

　本書は，企業事故の事例研究を通じて，企業事故の発生メカニズムを解明しようとしたものである。

　企業事故研究は，ヒューマンエラー研究を中心に多くの研究が蓄積されてきた。経営学においても，リスクマネジメント研究を中心に，組織的な視点から議論が展開されている。しかし，経営学における企業事故研究は，主に企業事故の防止策の検討・提言を中心としており，企業事故の発生メカニズムそのものを直接研究対象にしたものはみられない。そこで本研究では，経営学の視点から，企業事故の発生メカニズムについて分析を試みる。

　本書の前半では，企業事故に関する先行研究の整理・検討を行い，先行研究に内在する問題点について明らかにする。そして，その問題点を克服する本研究のアプローチを提示する。本書の後半では，2000年6月に雪印乳業株式会社（現・雪印メグミルク株式会社）が引き起こした「雪印乳業集団食中毒事件」の事例を分析し，企業事故の発生メカニズムを解明する。

　本書が結論として提示する企業事故の発生メカニズムは比較的シンプルなものである。すなわち，手続きの神話化（手続きが通用するための前提を忘却し，いかなる状況においても，その手続きが通用すると認識すること）が事故を引き起こすというメカニズムである。ただ，組織文化や組織体制ではなく，安全にかかわる手続きを企業事故発生メカニズムの中心に位置付けることは，従来の企業事故研究にはみられない視点であり，企業事故研究の新たな展開，さらには企業事故防止策の新たな展開に貢献することができれば幸いである。

　企業事故研究は学際的なテーマであり，心理学，経営学，社会学など関連する分野は多岐にわたる。そのため，本書で示した先行研究の検討，事例分

析，結論などに数多くの問題や課題が存在していると思われる。読者の忌憚のないご批判を賜り，今後改善していきたいと考えている。とはいえ，このように1冊の書物として上梓することができるのは，多くの方々のご指導，ご支援，ご協力のおかげである。

筆者は名古屋大学で，学部・大学院の4年間，放射化学に携わってきた。その後，1994年より，名古屋大学の経済学研究科で経営学，特にCSR（企業社会責任）に関する研究に取り組んできた。その後，2000年に発生した雪印乳業株式会社の集団食中毒事件の事例に興味をもち，2005年にインタビューの機会を得られたことをきっかけに，企業事故の分析に取り組んだ。

名古屋大学理学部・理学研究科時代の恩師である古川路明先生（名古屋大学名誉教授），篠原厚先生（大阪大学教授）には研究者として学問に取り組む際の基本的なスタンスについて学ばせていただいた。

また，同じ研究室に所属していた小田寛貴先生には，本研究に関して幅広い知識に基づく示唆に富むアドバイスを頂いた。

櫻井克彦先生（東海学園大学教授，名古屋大学名誉教授）には，名古屋大学大学院経済学研究科の修士課程・博士課程の指導教官として，現在にいたるまで公私にわたり，はかりしれないご恩を賜っている。研究の進め方に悩んでいる私に対し，経営学の問題意識や学問体系の奥深さを教えて頂いた。先生からこれまでに賜ったすべてのご恩をお返しすることはもちろんできないが，本書がご恩返しの一部になればと思っている。

また，浅井敬一朗先生，高岡伸行先生，津田秀和先生，小室達章先生，市古勲先生をはじめとする名古屋大学大学院生時代の櫻井ゼミ生との自由闊達な雰囲気での意見交換は，経営学の面白さを学ぶ貴重で刺激的な機会であった。

小島廣光先生（札幌学院大学教授，北海道大学名誉教授）には，2000年に北海道大学に勤務してから現在にいたるまで大変お世話になっている。研究と真摯に向き合う先生の姿勢は，怠けがちになる私にとって大きな刺激となっている。

まえがき

　また，筆者の勤務する北海道大学大学院経済学研究科の岩田智先生，平本健太先生，岡田美弥子先生，坂川裕司先生，久保淳司先生には本書の研究に対して，本当に多くのコメントをいただき，相原基大先生，阿部智和先生，宇田忠司先生，塚田久美子氏にも大変お世話になった。

　また，桑田耕太郎先生（首都大学東京教授）には，本研究の骨子となる論文に対して示唆に富む有益なコメントを頂いた。

　共同研究者である小山嚴也先生（関東学院大学教授）には，濃密な議論を通して，建設的で刺激的なアドバイスと叱咤激励をいただいた。氏からの共同研究の誘いがなければ，この本を出版することはできなかったと感謝している。

　また，雪印メグミルク株式会社の皆様，特に，岡田佳男様，大久保龍朗様，信崎健一様，矢後博邦様，利根哲也様，内田幸生様，荻原秀輝様，足立晋様にはインタビューならびに原稿の確認に関して大変お世話になった。企業事故の調査は当事者にとっては思い出したくない出来事であろうし，まして，部外者である我々が関係者にインタビューすることは，「閉じかけたカサブタをはがす」ようなものであったと思う。問題の性質上，回答しにくい部分もあったと思うが，どの質問に対しても丁寧に対応していただいた。ここに記し，心より感謝の意を表したい。もちろん，あり得べき誤りは全て筆者の責任に帰するものである。

　出版事業の厳しい折，本書の出版をお引き受けいただいた株式会社白桃書房にも感謝申し上げたい。とりわけ，同社編集部の平千枝子氏には，何度となく励ましの言葉をいただき，編集に際しても非常に丁寧で有益なアドバイスをいただいた。

　なお，本書には，これまで著者と共同研究者である小山嚴也氏とともに公表してきた論文に加筆修正を加えたものが含まれている。それぞれ対応する部分は以下の通りである。

第3章　企業事故研究のアプローチ：

　　谷口勇仁（2008）「高信頼性組織（HRO）研究に内在するジレンマ」『経済学研究』（北海道大学）Vol.58, No.2, pp.61-70。

　　谷口勇仁（2009a）「企業事故研究におけるヒューマンエラー研究の構図と課題」『経済学研究』（北海道大学）Vol.58, No.4, pp.261-270。

第5章　事例：雪印乳業集団食中毒事件

　　小山嚴也・谷口勇仁（2007）「雪印乳業大樹工場における汚染脱脂粉乳出荷プロセス」『経済系』（関東学院大学）Vol.232, pp.65-79。

　　谷口勇仁（2005）「CSRにおける2つの視点―『企業の論理』と『社会の論理』―」『経済学研究』（北海道大学）Vol.54, No.4, pp.67-74。

第6章　雪印乳業集団食中毒事件の事例分析

　　谷口勇仁（2009c）「雪印乳業集団食中毒事件に関する事例研究の整理と検討」『経済学研究』（北海道大学）Vol.59, No.3, pp.179-187。

　　谷口勇仁・小山嚴也（2007）「雪印乳業集団食中毒事件の新たな解釈―汚染脱脂粉乳製造・出荷プロセスの分析―」『組織科学』Vol.41, No.1, pp.77-88。

第7章　手続きの神話化と作業パラダイム

　　谷口勇仁（2009b）「イノベーションと企業不祥事―企業活動の光と影―」日本経営学会編『日本企業のイノベーション（経営学論集第79集）』千倉書房，pp.119-131。

　本書をまとめ上げるにあたって上記論文の加筆修正版の掲載を認めて下さった出版社の方々および関係各位にも感謝したい。

　なお本書は，平成20年度～22年度日本学術振興会科学研究費補助金（基盤研究C），平成23年度～26年度日本学術振興会科学研究費補助金（基盤研究C）に基づく研究成果の一部である。

まえがき

　最後に，私事で恐縮ではあるが，理学研究科修了間際になって，「経営学を学びたい」という意志を伝えた際に，快く了解し応援してくれた父茂彦と母欣子，そして，大学の研究室にこもりがちになっている私を笑顔で応援してくれている妻と2人の子供たちに心から感謝していることを記しておきたい。

2012年4月

谷口　勇仁

目　次

まえがき

第1章　問題意識 ―――――――――――――――― 1
Ⅰ．問題の所在 …………………………………………… 1
　1．最後の藁：物理的説明の限界　1
　2．安全性軽視と利益優先主義：外部からの説明論理の限界　3
　3．当事者の論理：新たな視点　5
Ⅱ．本書の目的と構成 …………………………………… 6

第2章　企業事故とは ――――――――――――――― 9
Ⅰ．企業事故の定義 ……………………………………… 9
　1．企業事故の定義　10
　2．類似概念との関係　11
Ⅱ．企業事故という現象の特徴 …………………………12

第3章　企業事故研究のアプローチ ――――――――17
Ⅰ．先行研究の概観 ………………………………………17
Ⅱ．ヒューマンエラー研究 ………………………………18
　1．ヒューマンエラー研究とは　18
　2．ヒューマンエラー研究の概観　21
　3．ヒューマンエラー研究の特徴　30
Ⅲ．集団思考研究 …………………………………………30
　1．集団思考研究とは　30

2．集団思考研究の概観　31
　　3．集団思考研究の特徴　36
　Ⅳ．リスクマネジメント研究……………………………………37
　　1．リスクマネジメント研究とは　37
　　2．リスクマネジメント研究の概観　39
　　3．リスクマネジメント研究の特徴　42
　Ⅴ．高信頼性組織研究……………………………………………42
　　1．高信頼性組織研究とは　42
　　2．高信頼性組織研究の概観　43
　　3．高信頼性組織研究の特徴　47
　Ⅵ．企業倫理研究…………………………………………………49
　　1．企業倫理研究とは　49
　　2．企業倫理研究の概観　49
　　3．企業倫理研究の特徴　54
　Ⅶ．技術的逸脱の標準化…………………………………………54
　　1．技術的逸脱の標準化とは　54
　　2．技術的逸脱の標準化の概観　55
　　3．技術的逸脱の標準化の特徴　60
　Ⅷ．小括……………………………………………………………61

第4章　本研究のアプローチ ─────────────── 65
　Ⅰ．先行研究の構図………………………………………………65
　Ⅱ．先行研究の批判的検討………………………………………67
　　1．先行研究の問題点　67
　　2．先行研究の問題点の原因　72
　Ⅲ．本研究のアプローチ…………………………………………78

目　次

第5章　事例：雪印乳業集団食中毒事件 ———————————— 83
 Ⅰ．はじめに……………………………………………………83
 Ⅱ．雪印乳業集団食中毒事件の概要……………………………85
  1．食中毒発生　85
  2．雪印の対応　86
  3．原因究明　87
 Ⅲ．一般的な脱脂粉乳製造・出荷プロセス ……………………88
  1．乳および乳製品の概要　88
  2．殺菌工程と検査工程　91
  3．脱脂粉乳の製造・出荷工程　95
 Ⅳ．大樹工場における汚染脱脂粉乳の製造・出荷プロセス　96
  1．大樹工場の特徴　96
  2．汚染脱脂粉乳の製造・出荷プロセス　97
 Ⅴ．八雲工場における集団食中毒事件………………………………99
  1．八雲工場における集団食中毒事件の概要　100
  2．原因究明　101
  3．謝罪　101
  4．品質管理体制の強化　103

第6章　雪印乳業集団食中毒事件の事例分析 ———————————— 107
 Ⅰ．雪印乳業集団食中毒事件の先行研究………………………… 107
  1．関係当局の見解　108
  2．メディアの見解　109
  3．先行研究の概観　112
  4．雪印乳業集団食中毒事件の発生メカニズム
   ：先行研究の視点　117
 Ⅱ．調査より明らかになった事実………………………………… 119
  1．出荷基準を満たしていた脱脂粉乳　119

2．八雲事件と本事例の相違点　121
　　3．困難であったエンテロトキシンの検査　122
　　4．「もったいない」という考え方　124
　Ⅲ．新たな事実の整理：殺菌神話ともったいないパラダイム　126
　　1．殺菌神話　126
　　2．もったいないパラダイム　128
　　3．雪印乳業集団食中毒事件の発生メカニズム
　　　：本研究の視点　129
　Ⅳ．小括 ……………………………………………………… 131

第7章　手続きの神話化と作業パラダイム ─────────133
　Ⅰ．手続きの神話化の検討……………………………………… 133
　　1．神話概念　133
　　2．神話のダイナミクス　135
　　3．手続きの神話化の位置付け　143
　　4．他の神話の試論的検討　145
　Ⅱ．作業パラダイムの検討……………………………………… 146
　　1．利益優先パラダイムともったいないパラダイム　146
　　2．両パラダイムの等結果性　150
　　3．事故防止に関する含意　153
　　4．他のパラダイムの試論的検討　155

第8章　結論 ─────────────────────────157
　Ⅰ．本書の結論………………………………………………… 157
　　1．結論の要約　157
　　2．想定される批判と応答　159
　Ⅱ．理論的含意………………………………………………… 162
　　1．企業事故研究に対する貢献　162

2．組織理論に対する貢献　163
　3．企業事故の分析に関する指針　164
Ⅲ．実践的含意……………………………………………………… 166
　1．本研究から導出される実践的含意　166
　2．企業事故防止の指針　168
Ⅳ．残された課題…………………………………………………… 172

参考文献
人名索引
事項索引

図表・参考資料目次

図表2-1	企業事故，企業不祥事，企業事件の整理	11
図表2-2	企業事故研究と通常の経営学研究の特徴	14
図表3-1	ノーマンのATSモデルによる行為の段階と主なスリップの分類と例	22
図表3-2	リーズンのGEMSのダイナミクス	23
図表3-3	認知段階にしたがったエラーの分類	24
図表3-4	ホーキンスのSHELモデル	26
図表3-5	リーズンのスイスチーズモデル	29
図表3-6	集団思考の理論枠組み	33
図表3-7	リスクの頻度と強度による類型と主な対応策	39
図表3-8	リスクファイナンスとリスクコントロール	40
図表3-9	リスクマネジメントサイクル	41
図表3-10	マインドを維持する要因	45
図表3-11	従来の企業事故研究と高信頼性組織研究の比較	48
図表3-12	ステイクホルダーモデル	51
図表3-13	コンプライアンス型と価値共有型	53
図表3-14	チャレンジャー号全体図	55
図表3-15	ロケットブースターとフィールドジョイントの拡大図	56
図表3-16	チャレンジャー号事件における技術的逸脱の標準化の内容	57
図表3-17	技術的逸脱の標準化の要因	59
図表3-18	企業事故の先行研究の概要	62
図表4-1	先行研究の構図	66
図表4-2	企業事故と安全文化の関係の類型	69
図表4-3	先行研究における企業の分類	70
図表4-4	回顧的アプローチの構図	73

目　次

図表4-5	先行研究の解釈の構図 ……………………………………	77
図表4-6	意図せざる結果アプローチの構図 ………………………	79
図表4-7	意図せざる結果アプローチの視点 ………………………	79
図表4-8	本研究のアプローチとアフォーダンスとの比較 ………	80
図表4-9	本研究の特徴の整理 ………………………………………	81
図表5-1	雪印の一連の事件の概要 …………………………………	84
図表5-2	食中毒事件の概要と本書の分析の対象 …………………	85
図表5-3	大阪工場で製造した回収命令対象品 ……………………	86
図表5-4	乳と乳製品の分類 …………………………………………	89
図表5-5	生乳から製造される製品 …………………………………	90
図表5-6	黄色ブドウ球菌とエンテロトキシン ……………………	92
図表5-7	脱脂粉乳製造に関係する法律基準と社内基準 …………	93
図表5-8	脱脂粉乳の検査項目 ………………………………………	94
図表5-9	検査の概要 …………………………………………………	94
図表5-10	脱脂粉乳の製造・出荷工程 ………………………………	96
図表5-11	大樹工場での汚染脱脂粉乳製造・出荷プロセスの概要 ……	98
図表5-12	全社員に告ぐ（社長訓示）…………………………………	102
図表6-1	雪印乳業の組織風土変容プロセスと影響要因 …………	116
図表6-2	雪印乳業集団食中毒事件の発生メカニズム：先行研究の視点 …………………………………………	119
図表6-3	大樹工場での汚染脱脂粉乳製造・出荷プロセスの概要（図表5-11の再掲）……………………………………	120
図表6-4	八雲事件と集団食中毒事件の比較 ………………………	121
図表6-5	従来指摘されてきた事実と調査より明らかになった事実 …	125
図表6-6	殺菌神話の構図 ……………………………………………	127
図表6-7	雪印乳業集団食中毒事件の発生メカニズム：本研究の視点 ……………………………………………	130
図表7-1	通常の手続き，神話化した手続き，神話の崩壊の関系 ……	134

図表7-2	手続きの神話化の類型	135
図表7-3	神話のダイナミクス	136
図表7-4	神話の生成・強化の要因	138
図表7-5	神話崩壊のプロセス	139
図表7-6	アフォーダンスと手続きの神話化の比較	143
図表7-7	技術的逸脱の標準化と手続きの神話化の比較	144
図表7-8	「もったいないパラダイム」浸透におけるメリット	147
図表7-9	「利益優先パラダイム」と「もったいないパラダイム」	149
図表7-10	生産性と安全性	151
図表7-11	もったいないパラダイムと利益優先パラダイムの等結果性	152

参考資料　雪印集団食中毒事件の経緯……………………………104

第1章

問題意識

Ⅰ．問題の所在

1．最後の藁：物理的説明の限界

"It is the last straw that breaks the camel's back"（最後の藁(ワラ)がラクダの背中を砕く）ということわざがある。これは，ラクダが重い荷物を背負い，疲労困憊し限界に達している場合，1本の藁のような軽いものでも，それが引き金となってラクダの背骨が折れてしまうことを意味している。つまり，非常に小さな事象が大きな結果をもたらす可能性や，大きな結果をもたらしたきっかけが非常に小さい事象である可能性を警告している[1]。

さて，ラクダの背中が砕けたことを事故ととらえた場合，事故の原因は何であろう。上記の文脈でいえば，最後に載せられた藁だけではなく，ラクダが既に背負っていた重い荷物にも注目すべきであろう。しかし，原因は他にも考えられる。例えば，当日のラクダの体調が良くなかったのかもしれない。当日の湿度が高く，ラクダの背負っていた荷物がいつもより重くなっていたのかもしれない。さらに，荷主が，荷物の重さ，ラクダの体調，さらには当

---

[1] last straw は，上記のことわざを語源として，「我慢の限界」を意味する。また，グロービス・マネジメント・インスティテュート（2005, pp.94-96）では，因果関係を考える際のチェックポイントとして上記のことわざを取り上げ，「たまたま最後に起こった事項，あるいはたまたま目立った事柄を，本質的な原因と勘違いする」という錯覚を指摘している。

日の湿度に注意を払わなかったことかもしれない。

ラクダの背中が砕けたという現象は,「荷物の重さがラクダの背負える重さの限界を超え,ラクダの背骨が折れた」というように説明できる。これを,本書では物理的説明と呼ぶことにする[2]。しかし,この現象の背後に存在する原因には様々な解釈が存在する。本書でまず強調したいことは,事故の再発を防止するためには,当該事故の物理的説明に基づく解釈のみにとどまってはならないということである[3]。物理的説明をいくら厳密にしたとしても,その厳密化の努力に見合うだけの再発防止への貢献は以下の2点によって難しいであろう。

第1に,厳密な物理的説明は,完全に同種の状況における事故防止活動にしか通用しないことである。例えば,「背骨が砕けたラクダが運べる限界重量は250kgであった。その限界重量を超えた荷物を背負ったために,ラクダの背骨が折れた」というように詳細に記述できたとしても,その説明は当該事故で背骨が砕けたラクダにしか通用しない。限界重量のわからない他のラクダには通用しないし,同じラクダであったとしても,異なる状況下では通用しないのである[4]。

第2に,事故防止のためには,その背後に存在する人間の意思決定や行為を組み入れた事故の解釈を行わなければならないことである。物理的説明は,明確ではあるが,そこでは人間の意思決定や行為は考慮されていない。しかし,「事故を防止する」ことは,主体的な意思決定や行為である。この主体的な意思決定や行為によって事故は防止できるという考えの前提には,事故は人間の意思決定や行為によって引き起こされるという考えが存在する[5]。

---

2) 物理的説明とは,事故の原因を自然科学の用語にしたがって記述することを意味する。後述するように,そこには人間の意思や行為は介入されない。
3) 本書では,物理的な説明にとどまってはならないと主張しているのであり,物理的な説明が事故防止に役立たないとは主張していない。
4) 実際の事故の事例集があまり活用されない悩ましさはこの点にあると考えられる。同種の問題意識が中尾(2005, pp.2-20)にも示されている。
5) 事故が主体的な意思決定や行為によって引き起こされると主張しているわけではない。

したがって，事故を防止するためには，事故の発生も人間の意思決定や行為に関連させる必要がある。上記の例でいえば，事故防止のためには，荷主の意思決定や行為に関連させた説明が必要ということになる。

さて，ラクダの例を現実の企業事故におきかえて考えてみよう。現代の資本主義社会において，被害の大小を問わず，企業はこれまでに多くの事故を引き起こしてきた。日本に限定しても，2005年のJR福知山線脱線事故，2011年の福島第一原子力発電所事故などがあげられる。

このような事故が引き起こされると，事故を引き起こした企業に対し社会から批判がなされ，事故の原因究明活動が行われる。その際，まず，上記のような物理的な説明がなされる。

しかし，日々，技術革新（イノベーション）は進み，現実の企業の直面する技術環境は変化し，製造工程も変化する。そのため，厳密化された物理的説明に基づいて過去の事故原因を全て点検したからといって，将来にわたって事故を引き起こさない保証はない。厳密にみれば事故の原因は一つひとつの事例で全て異なっているのである。

また，物理的説明に基づく事故の解釈は，事故の原因を理解する際の第一歩としては重要であるが，事故を防止するためには何らかの対応策を講じる必要がある。そして，対応策を講じる際には，事故の原因を，あくまで人間の意思決定や行為，さらには，その背後に存在する組織要因と関連させなければならないのである。

では，企業が引き起こした事故の原因を人間の行為や組織要因と関連させるとすると，どのような説明が考えられるであろう。

2．安全性軽視と利益優先主義：外部からの説明論理の限界

ここで，説明論理として提示される概念が，安全性軽視と利益優先主義で

「〜しなかった」という意思決定や行為も含めて，事故は人間の意思決定や行為によって引き起こされると主張しているのである。事故がしばしば「人災」と表現されるのはこの考えに基づいている。

ある。企業が事故を引き起こした原因を考える際に，安全性軽視と利益優先主義は非常に魅力的な説明概念である。

事故を引き起こした企業は確かに安全性軽視であったといえよう。事故を引き起こしたのであるから，その主張に対し反論することは困難であろう[6]。そして，この安全性軽視という概念は，相対的なものであり，安全性の代わりに何かを優先（重視）したことを意味している。そこに当てはまる概念が利益優先主義である。企業は営利を目的とした組織であり，利益を最大化する経済主体として位置付けられている。そのため，安全性よりも利益を優先した結果，事故が引き起こされたと解釈されるのである。

冒頭のことわざに当てはめれば，ラクダの背骨が折れた原因は荷主の安全性軽視にあると解釈される。そして，その背景には，藁を少しでも多く積むことによって利益を得ようとした荷主の利益優先主義の姿勢が存在すると解釈される。

したがって，事故を引き起こした企業は，利益を追い求める姿勢（利益優先主義）を批判される。利益を追い求める姿勢が安全をないがしろにしたという判断がなされるのである。そして，事故の再発防止のためには，高い安全意識をもった組織文化を構築することが企業に対して提言される。

先ほどの物理的説明と比較すると，この解釈は，多くの事故に共通する普遍的な説明といえる。しかし，この解釈には再発防止の観点から以下のような問題がある。まず，この問題について，事故を引き起こした企業の立場から事故をとらえてみよう。事故が引き起こされることは企業にとっても望ましいことではない。事故を引き起こしてしまうことが大きな経済的ダメージをもたらすことは，現代においては全ての企業が理解しているであろう。もし，事故を引き起こした企業が過去に戻れるのであれば，同様の事態を避け

---

[6] ただし，この主張は，安全性軽視という概念を明確に定義しておらず，特定の企業が安全性を軽視しているか否かを，事故が引き起こされるまで判断できないことには注意が必要である。言い換えれば，この安全性とは，事故を現在まで引き起こしていないことによって担保される「結果としての安全性」である。第4章で検討するが，このような概念を用いて事故原因を説明することは循環論法に陥る危険性が存在する。

るべく，何らかの手を打つであろう。したがって，仮に事故を引き起こした企業が利益優先主義の姿勢をもっていたとしても，事故が引き起こされることを覚悟していたわけではない[7]。つまり，事故を引き起こす以前の企業は，少なくとも「事故は起こらないであろう」と考えていたはずである。

　ここで企業事故の発生メカニズムに関する基本的な問題が想起される。なぜ，事故を引き起こす以前の企業は事故を引き起こさないと考えたのであろうか。確かに，事後的にみれば事故が起こるのは必然であったかもしれない。物理的説明を理解した後であればなおさらである。安全意識が低く，安全性を軽視していたのかもしれない。ただ，少なくとも当時は事故が起こるとは考えていなかったはずである。

　再び，冒頭のことわざに当てはめれば，いくら荷主がめつくても（利益優先主義であったとしても），ラクダの背中が砕けることが事前に予想できていれば，藁の量を減らしたはずである。むしろがめつければがめついほど，ラクダを新たに入手するコストを重要視し，ラクダを怪我させることは避けるであろう。したがって，事故を引き起こす以前の荷主は「これくらいの藁は運べるだろう」と判断したはずである。なぜ，このような判断を下したのか，この判断に本書は注目する。

3．当事者の論理：新たな視点

　従来，多くの企業事故研究は，「なぜ，事故が引き起こされたのか」という問題意識に基づいて事故の分析を行ってきた。これは，事故が発生していない状態を想定して，その状態からなぜ逸脱したのかという視点からの事故の検討である。つまり，事故が発生していない状態が正常であり，事故を引き起こした企業はその状態から逸脱していると位置付けられている。このような視点からの分析は，「安全性が軽視されていた」などの欠如しているものに焦点が当てられる。

---

[7] 防止にかかるコストに見合わない軽微な事故については覚悟している可能性がある。

しかし，事故を引き起こした企業が，意図的に事故を引き起こしたのではない限り，事故を起こした当事者には「当事者（なり）の論理[8]」が存在するはずである。この論理を解き明かすためには，なぜ当事者は安全だと考えたのかという問題意識に基づき，企業事故の発生メカニズムを再検討する必要がある。この当事者のもつ論理を解き明かさず，安全性軽視を批判したところで，その批判は当事者には届かない可能性が高い。これは，将来的に企業事故を引き起こす可能性のある当事者に対しても同様である。現場に「当事者なりの安全意識」が既に存在している場合，いくら安全性重視を声高に主張されても，その主張は外部者が考えているほど企業事故防止には役立たないかもしれない。

以上の問題意識に基づき，本書では，従来一般的であった「なぜ，事故が引き起こされたのか」という視点ではなく，「なぜ，当事者は安全だと考えたのか」という視点から企業事故発生メカニズムを検討する。

II．本書の目的と構成

本書は8章から構成されている。

本書の前半（第2章から第4章）では，企業事故を定義した後，企業事故に関する先行研究の整理・検討を行い，先行研究に内在する問題点について明らかにする。そして，その問題点を克服するアプローチとして，意図せざる結果アプローチを提示する。

本書の後半（第5章～第7章）では，2000年6月に雪印乳業株式会社（現・雪印メグミルク株式会社）が引き起こした「雪印乳業集団食中毒事件」の事例を意図せざる結果アプローチにて分析する。分析の結果から析出された手続きの神話化と作業パラダイムについて，詳細に検討し，企業事故発生メカニズムを明らかにする。

---

8) この考え方は，加護野（1988, pp.1-17）の主張する学者の理論と日常の理論の関係に相当する。

第1章では，本研究の問題意識を明らかにした上で，研究の目的および本書の構成について説明した。

第2章では，企業事故の定義を行い，さらに，企業不祥事，企業事件という類似概念との関係についても検討する。さらに，企業事故という現象が，他の経営学研究において扱われる現象と比較してどのような特徴をもつのかについても検討する。

第3章では，企業事故の先行研究を概観する。具体的には，ヒューマンエラー研究，集団思考研究，リスクマネジメント研究，高信頼性組織研究，企業倫理研究，技術的逸脱の標準化を概観する。各研究において，研究の概観を説明した上で，研究の特徴を指摘する。小括として，上記企業事故の先行研究の要約を提示する。

第4章では，第3章で概観した先行研究を，企業事故の発生メカニズムに沿った形で整理し，従来の先行研究の多くが安全文化とリスクマネジメントシステムの構築を提唱していることを指摘する。そして，この2つの事故防止策を企業が実践する際の問題点を明らかにする。さらに，この問題点の根本的な原因としてアプローチ上の問題点，すなわち，「回顧的アプローチの採用」と「組織⇒現場⇒作業という因果連鎖の想定」を指摘する。その後，本研究で採用するアプローチを提示する。具体的には，「なぜ，事故が引き起こされたのか」ではなく，「なぜ，当事者は安全だと考えたのか」という問いに基づいた，当事者の観点に立った事故の分析である。

第5章では，本研究で検討する2000年6月に発生した雪印乳業集団食中毒事件について記述する。特に事例分析の中心となる大樹工場の汚染脱脂粉乳の製造・出荷プロセスについて詳細な記述を行う。同時に，1955年の雪印乳業八雲工場で引き起こされた食中毒事件についても記述する。

第6章では，雪印乳業集団食中毒事件に関する先行研究を概観し，先行研究の企業事故の発生メカニズムを提示する。その後，インタビュー調査に基づいた雪印乳業集団食中毒事件の定性的分析を試みる。具体的には，調査より明らかになった4つの事実を基に，「殺菌神話」と「もったいないパラダ

イム」に基づく事故の解釈が提示される。

　第7章では，事例研究より析出された殺菌神話ともったいないパラダイムを基に，手続きの神話化と作業パラダイムについて検討する。第1節では手続きの神話化の検討，特に，神話のダイナミクス（生成・強化，崩壊，解体）について試論的検討を行う。第2節では，もったいないパラダイムと利益優先パラダイムを比較しながら，作業パラダイムについて検討する。

　第8章では本研究から明らかになった結論を提示し，想定される批判について検討する。その後，理論的含意，実践的含意および残された課題について明らかにする。

第2章

企業事故とは

Ⅰ．企業事故の定義

　企業が引き起こす事故は技術の高度化・複雑化に伴い，大規模なものへと変化した。代表的な企業事故には，原子力発電所・工場などのプラントの事故や，電車・飛行機・船舶などの運輸関係の事故などがあげられる[1]。もちろん，これらの事故をきっかけに，事故防止の取り組みも活発になされている。しかしながら，これらの努力にもかかわらず，大事故は発生し，多くの犠牲者を出している。

　本節ではまず，企業事故を定義する。企業事故を定義する際に注意しなければならないことは，類似概念との区別を明確にすることである。企業事故と類似する概念としては，企業不祥事と企業事件があげられる。

　例えば，本書で扱う2000年6月に雪印乳業が引き起こした集団食中毒は企業事故であるが，通常，雪印乳業（集団）食中毒事件と呼ばれる（日本経営倫理学会編，2008）。また，同時に，企業が引き起こした企業不祥事として位置付けられることが多い。このように類似した概念間の差異が明確になるように定義しなければならない。ここでは，リーズン（1999）が提示する組織事故概念と，ヒューマンエラー研究が提示するヒューマンエラー概念を参

1）　企業事故の範疇には属さないが，医療事故も古くから検討が行われてきた。

考に，企業事故を定義する[2]。

1．企業事故の定義

　企業事故（corporate accident[3]）とは，「企業が引き起こした事故であり，通常は正しく遂行できるにもかかわらず，意図せずしてステイクホルダーにネガティブな影響を与える企業行動」と定義する[4]。より詳細には，以下の4つの特徴をもつ。

　第1の特徴は，企業行動が企業事故の直接的かつ主たる原因となることである。例えば天災などを主たる原因として当該企業の建物が崩壊した場合は企業事故の範疇には入らない。

　第2の特徴は，通常は正しく遂行することができると考えられていることである。上述したように，天災によって引き起こされる災害は通常企業事故とは呼ばれない。しかし，天災をきっかけとしていても，周囲の建物が倒壊していなければ，当該企業の建物も倒壊しないことが期待される。その期待に背き，建物が倒壊した場合には，建物に欠陥があったとみなされ，企業事故と判断されることになる。

　第3の特徴は，意図（悪意）のなさである。企業事故は悪意をもって意図的・確信的に引き起こされるものではない。企業事故を起こした企業は，「このような事態をもたらすとは予想していなかった」という感覚をもつ。したがって，悪意をもって意図的に引き起こされる企業犯罪などは企業事故の範疇には入らない。

　第4の特徴は，影響の大きさである。企業行動のネガティブな影響が企業

---

2) ヒューマンエラー概念に関する定義の詳細については，第3章を参照。
3) "accident"という用語には本来，偶発的事象という意味が含まれている。しかし，今日では，その語義から大きく乖離し，ランダムで制御不能な事象とは考えず，特定のリスクが十分に管理されていなかった結果であるとみなされている（デッカー，2009, p. viii）。
4) ステイクホルダーとは，「企業活動に影響を与える，もしくは企業活動によって影響を受けるグループ」のことを指す。詳しくは第3章を参照。

内部にとどまらず，ステイクホルダーにまで影響がおよぶものを企業事故と呼ぶ。リーズンは事故をその影響が個人レベルでおさまる個人事故と，その影響が組織全体におよぶ組織事故の2種類があると指摘している[5]。リーズンは組織全体を組織内部とみなしているが，本書では，組織を企業と読み替えた上で，この組織全体という用語が示す範囲を，企業を取り巻くステイクホルダーまでも含むものととらえる。したがって，製品不良や食中毒などによって消費者に不利益を与えることも企業事故の範疇となる[6]。

2．類似概念との関係

企業事故と類似する概念として，企業不祥事，企業事件があげられる[7]。まず，企業不祥事（corpaorate scandal）とは，「企業が自らの企業行動によって，社会的に批判を受け，責任を問われる事態」を指す。企業事故が発生した後，情報開示活動や原因究明活動の遅れといった，事故発生後の対応

図表2-1　企業事故，企業不祥事，企業事件の整理

	企業事故	企業不祥事	企業事件
現象	ステイクホルダーにネガティブな影響を与えた企業行動	社会問題化した企業行動	社会的注目を浴びた企業行動
特徴	意図せざる結果	社会的規範からの逸脱	先駆的行動・希少性

---

[5] リーズン（1999, p.1）を参照。
[6] このように定義すると，ステイクホルダーの1つである株主にネガティブな影響を与える「株の下落」や「倒産」も事故に含まれると考えられるかもしれない。しかし，「株価の下落」は株式市場においてはしばしばみられ，通常は正しく遂行することが可能であるとは考えられない。また，倒産そのものは企業行動ではなく，企業行動の市場での評価ととらえることが可能であるため，企業事故の範疇として考慮しない。本書では，企業事故ないしは企業不祥事等の企業行動が原因となって，株価の下落や倒産という事態（結果）が引き起こされるととらえる。
[7] また，類似概念として，労働災害という用語も存在する。これは，「労働者の就業に係わる建設物，設備，原材料，ガス，蒸気，粉じん等により，又は作業行動その他業務に起因して，労働者が負傷し，疾病にかかり，又は死亡することをいう」と定義されている（労働安全衛生法第2条）。

の不手際が生じた場合,社会的な批判が高まり,その結果として企業不祥事と呼ばれることが多い。ただし,企業事故それ自体は企業不祥事ではなく,また企業不祥事には企業犯罪も含まれるため,企業不祥事と企業事故は同一概念ではない。

他方,企業事件(corporate incident)とは,「社会的注目を浴びる企業行動」である。一般に事件という場合には必ずしもネガティブな意味はもたないが,企業不祥事の中で特に社会的注目を浴びたものが企業事件と呼ばれることが多い。したがって,企業事故の多くが結果的に企業不祥事となり,その一部が企業事件と呼ばれることになる(図表2-1)。

Ⅱ. 企業事故という現象の特徴

経営学において企業事故の研究は若干異色な研究である。経営学では,企業戦略,国際化などの様々な経営現象を分析するが,このような多様な経営現象の中で,企業事故という現象は以下の3つの特徴をもつ。

①企業事故は意図せざる結果であること:

企業は,企業事故を引き起こすことを目的にしてはいない。つまり,企業事故は失敗の現象であり,企業が避けるべき現象である。しかしながら,企業は意図せずして企業事故を引き起こす。沼上(2000)は,経営学において,「意図せざる結果」を探究するという研究スタンスの重要性を主張している。そこでは,企業がもたらす行為の意図せざる結果が,企業に再帰的に影響を与える構図を想定している。この構図では,様々な経営現象の中で,特定の「行為」の「意図」を探り,それをふまえた上で,「行為の意図せざる結果」を探究することになる。沼上(2000)の主張の背景には,近年の経営学の研究スタンスは「意図した結果」に焦点を当てたものだという理解が存在するが,沼上(2000)は,それだけではなく「意図せざる結果」にも注目すべきだと指摘したのである。企業事故という現象は,それ自体をこの「意図せざる結果」としてとらえることが可能である。

②企業事故という現象は，絶対的基準で判断されること：

　企業事故は失敗の現象であるが，それは，必ずしも，通常の経営学における，企業の成功の対立概念として位置付けられるものではない。企業の成功は，他の企業行動によって大きく影響を受ける。例えば，ポーター（Porter, M. E.）のコストリーダーシップ戦略と差別化戦略という有名な概念をみても，他の企業行動を考慮しなければならないことが理解できるだろう（ポーター，1982）。たとえれば，10人の100メートル競争で，通常の経営学では「どうすれば1位になれるのか」を解明することを目的にする。そこでは，自身の行動だけではなく，同じく1位を目指して行動している他者の行動を考慮する必要がある。

　一方，失敗の現象に注目する企業事故研究は「どうすれば転ばないように走れるのか」を解明することを目的にしている[8]。したがって，企業事故研究においては，他の企業の行動を考慮する必要性は基本的にはない。100メートル競争を行っても，必ず誰かが転ぶわけではないからである。換言すれば，他の企業がどのように行動しても，その行動が直接当該企業の事故発生に影響を与える可能性は非常に少ない[9]。この意味では，企業事故研究は，他の研究に比べて分析範囲が限定されているといえよう。

　③企業事故は瞬間的な現象であること：

　企業事故は，分析対象となる現象の終点が明確であり，事故以降の企業行

---

8) 厳密にいえば，事故と判断される基準は，他の企業との相対的基準から判断されるというとらえ方もできる。第1節で説明したように，天災をきっかけとして建物が倒壊したとしても，周囲の建物が倒壊していなければ，建物に欠陥があったとみなされることになる。そのため，企業事故の判断基準が変化すれば，企業事故としてとらえられなかった現象が企業事故としてとらえられる可能性もある。上記の喩えにしたがえば，「転ぶのは事故だが，つまずくのは事故ではないのか」といった議論である。ただ，このような判断基準の変化は一般的に長期的な変化であると考えられるため，本書では考慮しない。
9) 他の企業の行動が当該企業の事故発生に影響を与える可能性としては，産業全体の競争激化による利益プレッシャーの増大という間接的な因果関係が考えられる。これは，企業間競争が激化した結果，収益を獲得することが困難になり，その結果安全性が軽視され事故が発生したという説明である。

動は分析対象に含まれない。このことは当たり前だと思われるかもしれない。しかし，通常の経営学で取り扱う成功は継続的な現象であることに注意されたい。仮に現時点である企業が成功していると判断されていても，将来にわたってその成功が続くとは限らない。そのため，成功している企業の事例分析を行い，成功の原因を導出する場合，そもそも事例として選択された企業が，理念的な成功概念に適合しているか否かが問題とされる。

例えば，ピーターズ＆ウォーターマン（1983）は，アメリカの超優良企業（エクセレント・カンパニー）を43社選択し，その共通点を8つの原則にまとめている。しかしながら調査終了から2年後には，エクセレント・カンパニーとして選択された企業43社のうち，14社が業績悪化に苦しんでいた。この事実から，エクセレント・カンパニーとして選択された企業は，そもそもエクセレント（超優良）ではなかった可能性が指摘されている（ローゼンツワイグ，2008，pp.146-149）。

これに対して企業事故研究では，瞬間的な現象である特定の事故を分析対象としている。したがって，「事故が発生した」という事実は将来にわたって変わることなく保証されている[10]。

以上，通常の経営現象，特に，企業の成功と対比して，企業事故という現

図表2-2　企業事故研究と通常の経営学研究の特徴

	企業事故研究	通常の経営学研究
注目される現象	失敗	成功
当事者の意図	意図せざる結果	意図した結果＋意図せざる結果
判断基準	絶対的基準	相対的基準
動態性	瞬間的な現象	継続的な現象

[10) しかし，企業事故研究の一分野である高信頼性組織研究は，この特徴をもたない。通常の企業事故研究は，事故を引き起こした企業を分析対象にしているが，高信頼性組織研究は，長期にわたって事故を引き起こしていない組織を分析対象としているためである。そのため，当該組織が理念的な高信頼性組織概念に適合するか否かについて検討の余地が残る。詳しくは第3章，第4章を参照。

象の特徴を検討した[11]。この特徴を通常の経営学研究との対比で図表2-2に整理する。これらの特徴は，企業事故を研究する上で前提となる。これらの特徴を確認した上で，次章では，企業事故という現象に対して，先行研究がどのようなアプローチで分析を行ってきたのかをみていきたい。

---

11) これまで，企業事故の定義と現象の特徴の検討を行ってきたが，これは企業事故の特徴を確認することを目的としており，企業事故そのものを明確に峻別することを問題にしてはいない。なぜなら，通常の場合，ある現象が企業事故であるかどうかは通常ほとんど議論されないからである。多くの読者は，企業事故の事例分析を行っている先行研究をみて，取り扱われている事例が企業事故か否かについて疑問をもつことはないであろう。

第3章

企業事故研究のアプローチ

Ⅰ．先行研究の概観

　企業事故が発生すると，その発生原因について分析がなされ，その分析に基づいた防止策の提言がなされる。しかし，その分析は様々な観点から行われるため，特定の事故に対して複数の原因が指摘され，異なった提言がなされることが多い[1]。この様々な提言を理解するためには，企業事故の分析アプローチを整理する必要がある。ここでは，主に社会科学分野に議論を限定した上で，多様な企業事故研究のアプローチを概観し，各研究の特徴について整理・検討を行う[2]。

　社会科学分野において，企業事故に対する研究としては，大きく心理学，経営学，社会学の分野から分析・提言がなされてきた。具体的には，

　①心理学アプローチ：ヒューマンエラー研究[3]，集団思考研究

　②経営学アプローチ：リスクマネジメント研究，高信頼性組織研究，企業倫理研究

---

1) 本書で検討する雪印乳業集団食中毒事件についても様々な観点から分析がなされている。詳細は第6章第1節を参照。
2) ここでは，社会科学系におけるアプローチについて言及を行う。自然科学系，特に，工学においては，安全工学，信頼性工学，失敗学等のアプローチが存在する。ただ，これらのアプローチは社会科学系のアプローチとは異なるため，本書では扱わない。
3) 後述するが，ヒューマンエラー研究は人間工学も大きくかかわっている。

③社会学アプローチ：技術的逸脱の標準化

のような研究があげられる。

本章では，これらの先行研究を概観し，先行研究間の関係性についての整理・検討を試みる。

Ⅱ．ヒューマンエラー研究

1．ヒューマンエラー研究とは

　企業事故研究において，古くから存在する代表的な研究としてヒューマンエラー研究がある。ヒューマンエラー研究は認知心理学や人間工学の分野を中心に展開され，1979年に発生したスリーマイル島原子力発電所事故（TMI事故）をきっかけに活発化した（林，1992）。そして，多くの原子力発電所の事故，航空事故，医療事故，交通事故など多くの事故事例においてヒューマンエラーの存在が指摘され，これらの分野を中心とした研究が蓄積されている。同時に，近年では広く一般的な事故についてもヒューマンエラーの存在が指摘され，事例分析がなされている[4]。

（1）ヒューマンエラーの定義

　ヒューマンエラーは様々な形で定義されている。ここでは，ヒューマンエラーの代表的な定義を概観すると同時に，ヒューマンエラーの定義を構成する要因について検討する。

　ヒューマンエラーの定義を構成する第1の要因は，エラーは人間の行動によって引き起こされることである。当然のことながら，ヒューマンエラー研究は，人間の行動によって引き起こされるエラーを分析の対象とする。

　第2の要因は，エラーは意図して引き起こされたものではないことである。たとえば，リーズン（1994, p.10）は，ヒューマンエラーを「計画された知的または物理的な活動過程で，意図した結果が得られなかったときで，これ

4）　例えば，ケイシー（1995）を参照。

らの失敗が他の出来事によるものではないときの,すべての場合を包含する本質的な項目」と定義している。この定義では,ヒューマンエラーの「意図せざる結果」という側面が強調されている。したがって,故意による規則違反はヒューマンエラーには含まれないことになる。

　第3の要因は,エラーか否かはシステムの目的によって判断されることである。エラーか否かを判断する際には,客観的な基準が必要となる。そのため,特定の目的をもったシステムを想定し,そのシステムが期待するパフォーマンス水準を満たさなかった場合,エラーと判断する。例えば,芳賀(2000, p.43)は,ヒューマンエラーを「人間の決定または行動のうち,本人の意図に反して人,動物,物,システム,環境の,機能,安全,効率,快適性,利益,意図,感情を傷つけたり壊したり妨げたもの」と定義している。

　また,山口他(2006, p.63)は,「意図した目標を達成することに失敗した,あるいは意図しない負の結果(事故や損失など)をもたらした人間の決定や行動」であり,①意図的に犯したものではないこと,②通常は正しく遂行する能力があること,③システム・組織・社会などが期待するパフォーマンス水準を満たさなかったこと,の3点によって特徴づけられるとしている。ここでは,エラーの判断基準として,システムの目的という観点に加え,通常はパフォーマンス水準を満たす能力があることを加えている。

　以上の検討より,ヒューマンエラー研究におけるヒューマンエラーとは,①原因は人間の行動である,②当事者にとって意図的ではない,③システムに期待されているパフォーマンス水準によって判断される,という特徴を有することがわかる。

（2）ヒューマンエラー研究のもつ前提

　ヒューマンエラー研究の前提としては,以下の2点を指摘することができる(リーズン・ホッブズ,2005, p.14)。第1に,人がエラーを犯すことは避けられないことである。これは,「人はエラーをする」(to err is human)という前提である。海保・田辺(1996)は,機械のごとく正確無比に振る舞うことのできる「完璧人間像」に対して,「ぐうたら人間像」を提示し,

ヒューマンエラー研究は「ぐうたら人間像」を前提にしていると指摘している。「完璧人間像」を前提としてしまうと，エラーを犯す人は完璧人間になるための努力が不足していると解釈され，事故の原因を全てその当事者に帰属させ，それ以上の原因究明がなされない恐れがあるとする（海保・田辺，1996，p.41）。

　第2に，エラーは結果であり，原因ではないことである。エラーは人の心に突然発生する独立した欠陥により起こるのではなく，むしろ，人間を取り巻くその場の環境により誘発される[5]。その多くは，業務，道具や装備，作業場所の状態などにより引き起こされる。これが，「ヒューマンエラーは人を取り巻く環境に原因がある」という前提である。

　上記の「ぐうたら人間像」と，「エラーは結果であること」を前提とすれば，事故の原因は当事者のみに帰属するのではなく，エラーを起こしやすい環境全般に原因を追及していくことが可能となる。そして，その際には，どのような状況においてヒューマンエラーが発生するのかの検討が行われることになる。

　前述のようにヒューマンエラー研究は，主として認知心理学と人間工学を中心に議論がなされてきた。認知心理学では，方法論として心理学実験を用い，人間の認知プロセスに起因するヒューマンエラーの発生メカニズムに関する諸議論を展開してきた。他方，人間工学では，ヒューマンエラーが発生する現場の分析を中心に，ヒューマンエラー発生に影響を与える状況要因についての議論を展開してきた。

　すなわち，ヒューマンエラー研究には，①ヒューマンエラーの発生メカニズムの分析，ならびに，②ヒューマンエラーの発生に影響を与える要因の分析という異なる2つのアプローチが存在する。そして，これらの分析に基づいて，③ヒューマンエラーの防止策が提示されているといえよう。以下では，これらの3つの研究の展開について順に概観する。

---

5) この2つの前提に基づき，リーズン・ホッブズ（2005，p.14）は，「人間特性を変えるよりも，状況やシステムを変えるほうがはるかに容易」であると主張している。

2. ヒューマンエラー研究の概観

(1) ヒューマンエラーの発生メカニズム：ヒューマンエラーはどのように発生するのか？

ヒューマンエラーの発生メカニズムについては，認知心理学的なアプローチを中心にして研究が進められている（山口他，2006，p.63）。そこでは，人間の認知特性を中心に議論が展開されており，ヒューマンエラーが発生する際の人間の認知プロセスが分析され，エラーが発生するプロセスの相違によってエラーを分類する。以下では，代表的な研究として，ノーマン（Norman, D. A.）のATS（Activation-Trigger-Schema）モデルと，リーズン（Reason, J.）のGEMS（Generic Error-Modeling System：包括的エラーモデリングシステム）をみていく。

Norman（1981）は，エラーをミステイクとスリップに分類し，認知プロセスに基づいてスリップの詳細な検討を行っている。まず，ミステイクとスリップの違いを簡単に述べ，次にATSモデルについて触れよう。

期待した結果が得られないのは，①計画自体が不完全であったか，②計画通りに行動できなかったのかのどちらかである。①の計画形成の段階で発生するエラーがミステイクである。計画が正しくない場合であり，間違ったゴールを設定した場合のエラーである。他方，②の行動の選択の段階で発生するエラーがスリップである。スリップとは，自動化された行動から生じるもので，なんらかのゴールを達成しようとしてあまり意識せずに行った行為が，途中で脇道に入ってしまうものである（ノーマン，1990，p.170）。つまり，意図したゴールは正しいが，ゴールにいたる行動がその意図通りではなかった場合のエラーである。

このうちスリップの発生原因を検討する際に，Norman（1981）は，ATSモデルにしたがった認知プロセスを想定している（海保・田辺，1996，p.66）。このモデルは，ある行動を実行することを，①意図の形成，②スキーマの活性化，③スキーマのトリガリングという3段階のプロセスとしてとらえている（図表3-1）。

図表 3-1　ノーマンの ATS モデルによる行為の段階と主なスリップの分類と例

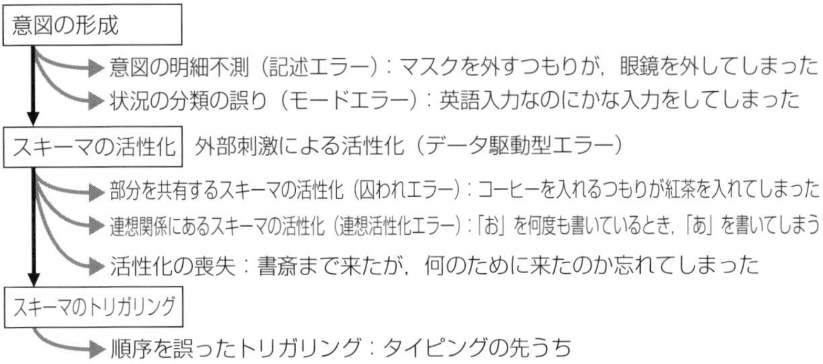

```
意図の形成
  ├─▶ 意図の明細不測（記述エラー）：マスクを外すつもりが，眼鏡を外してしまった
  ├─▶ 状況の分類の誤り（モードエラー）：英語入力なのにかな入力をしてしまった
  ▼
スキーマの活性化　外部刺激による活性化（データ駆動型エラー）
  ├─▶ 部分を共有するスキーマの活性化（囚われエラー）：コーヒーを入れるつもりが紅茶を入れてしまった
  ├─▶ 連想関係にあるスキーマの活性化（連想活性化エラー）：「お」を何度も書いているとき，「あ」を書いてしまう
  ├─▶ 活性化の喪失：書斎まで来たが，何のために来たのか忘れてしまった
  ▼
スキーマのトリガリング
  └─▶ 順序を誤ったトリガリング：タイピングの先うち
```
出所：仁平・丸山（1995）。

「意図の形成」とは，目標にしたがって意図を形成することである。この目標と意図との間に乖離があると，記述エラーやモードエラーが発生する。「スキーマの活性化」とは，スキーマ[6]が使用可能な状態になることを指す。意図とスキーマ同士の連結関係により，当該スキーマの活性化が促進される。しかし，当該スキーマと関連したスキーマが強く連結されている場合には，囚われエラー，連想活性化エラーなどが発生する。「スキーマのトリガリング」とは，行為の実行のために，スキーマを引き出す（トリガリング）ことを指す。このトリガリングを誤ることで，順序を誤ったトリガリングのエラーが発生する。

次に，リーズン（1994）の GEMS を提示しよう（図表 3-2）。このモデルは，ラスムッセン（1990）が提示した人間のパフォーマンスの 3 つのレベルによる分類，すなわち，スキルのレベル，ルールのレベル，知識のレベルに基づき，人間の問題解決のプロセスをモデル化したものである。

スキルベースのレベルでは，習熟しルーチン化された作業が，自動化され

---

[6]　スキーマとは，ここでは行為達成までの定型的な行為系列の内化されたものである。例えば，1 つの文字を書き上げるまでの手の動きの系列についての表象である。「あ」という文字を書こうという意図が発生したときに「あ」の「書字スキーマ」が長期記憶貯蔵庫から引き出され，それにしたがって行為が実行される（海保・田辺，1996, p.67）。

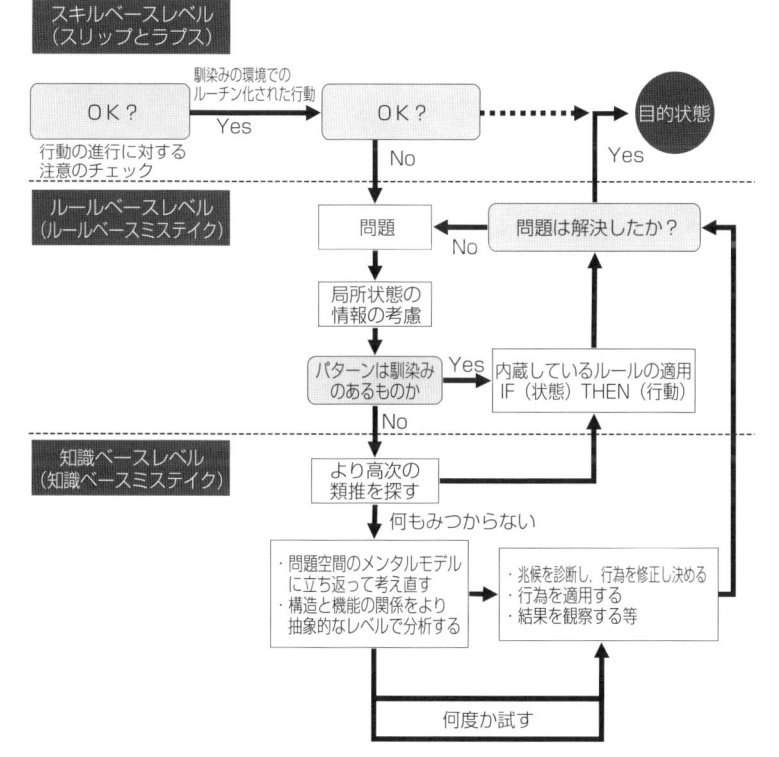

第3章　企業事故研究のアプローチ

図表3-2　リーズンの GEMS のダイナミクス

```
スキルベースレベル
(スリップとラプス)

    ┌─────┐ 馴染みの環境での
    │OK？ │ ルーチン化された行動  ┌─────┐ ────────▶ ●目的状態
    └─────┘ ─── Yes ──────────▶ │OK？ │
  行動の進行に対する              └─────┘      Yes
  注意のチェック                     │ No
                                    ▼
ルールベースレベル             ┌──────┐       ┌──────────────┐
(ルールベースミステイク)       │ 問題 │◀─ No ─│問題は解決したか？│◀──┐
                               └──────┘       └──────────────┘    │
                                    │                              │
                                    ▼                              │
                               ┌──────────┐                        │
                               │局所状態の│                        │
                               │情報の考慮│                        │
                               └──────────┘                        │
                                    │                              │
                               ┌──────────┐  Yes  ┌──────────────────┐
                               │パターンは馴染み├──────▶│内蔵しているルールの適用│
                               │のあるものか    │       │IF (状態) THEN (行動)   │
                               └──────────┘       └──────────────────┘
                                    │ No
知識ベースレベル                    ▼
(知識ベースミステイク)         ┌──────────┐
                               │ より高次の │
                               │ 類推を探す │
                               └──────────┘
                                    │ 何もみつからない
                                    ▼
                  ┌─────────────────────┐    ┌────────────────────┐
                  │・問題空間のメンタルモデル│    │・兆候を診断し，行為を修正し決める│
                  │ に立ち返って考え直す    │───▶│・行為を適用する    │
                  │・構造と機能の関係をより  │    │・結果を観察する等  │
                  │ 抽象的なレベルで分析する │    └────────────────────┘
                  └─────────────────────┘
                            ▲         何度か試す
                            └───────────────────┘
```

出所：リーズン（1994, p.36）を基に作成。

たコントロールにより進行状況を随時チェックしながら実行される。このレベルで発生するエラーはスリップとラプス（後述）である。ここで，状況変化に対応するため事前にプログラムされていた行動を実行中に修正しなくてはならないと気付いた場合に，スキルベースからルールベースに切り替わる。

ルールベースのレベルでは，馴染みのある問題に対して，あらかじめ用意された規則や解法がパターンマッチングにより適用される。すなわち，「もし（ある状態）であれば（この行動を）実施する（IF〜THEN…）」のような既定のルールが適用される。このレベルで発生するエラーはルールレベルのミステイクである。ここで，既存の問題解決方法が適用可能であるか否か

図表3-3 認知段階にしたがったエラーの分類

エラー形式	エラーの認知段階	内容
スリップ	実行	注意の失敗（例：順序の誤り，タイミングの誤り）
ラプス	考察	記憶の失敗（例：計画項目の省略，意図の喪失）
ミステイク	計画	意図の失敗（例：適切な規則の誤用，不適切な規則の適用）

出所：リーズン（1994, p.176）を基に作成。

を検討した結果，解決方法がみつからない場合には，ルールベースのレベルから知識ベースのレベルに切り替わる。

　知識ベースのレベルでは，新しい問題に直面したときに，意識的でゆっくりとした骨の折れる試みがなされる[7]。このレベルで発生するエラーは知識レベルのミステイクとなる。

　GEMSの大きな特徴は，人間が問題に直面したときには，多大な労力を必要とする知識ベースレベルに頼る前に，ルールベースレベルに存在する，あらかじめ与えられた解決策を探索し，みつけ出すことを提案している点である（リーズン，1994, p.38）。ルールベースレベルでは十分な解が得られない場合のみ，知識ベースレベルに移行していくのである。

　なお，リーズン（1994）は，ノーマンが提示したミステイクとスリップというエラーに加え，実行の途中でルール自体を忘却してしまうというラプスを加えるべきであると主張する。これら3種のエラーは，図表3-3に整理される。

　以上のように，ヒューマンエラーの発生メカニズムでは，何らかの認知プロセスを想定し，エラーがどのプロセスで発生しているのかによって，エラーを分類することが試みられている[8]。

---

[7] 3つの行動レベルの詳細に関してはリーズン（1999, pp.101-103）および，リーズン（2005, pp.37-40）を参照。
[8] 認知プロセスとの関連性は無いが，よく知られているエラーの分類として，コミッション（実行）エラーとオミッション（省略）エラーをあげることができる。コミッションエラーとは，実行すべきでないことを実行すること，オミッションエラーとは実

（2）ヒューマンエラーの要因分析：ヒューマンエラー発生に影響を与える要因は何か？

ヒューマンエラーの要因分析に関しては，主に人間工学の立場から研究が展開されてきた。このヒューマンエラーの要因をとらえる代表的な分析枠組みには，以下の2つがある。

第1は，ヒューマンエラーの原因として古くから指摘されている4Mである。4Mとは，Man, Machine, Media, Managementの4つの単語の頭文字をとったものである（小松原，2003，p.15）。Manとは，作業者本人，上司や同僚などの人間要素である。Machineとは，機械，設備などの道具的な要素である。Mediaとは，照明，騒音をはじめとする環境の要素であり，情報環境も含まれる。Managementとは，制度や管理体制など，管理的な要素を意味する。なお，作業の目的，目標に関する要素を意味するMissionを加えて，5Mという場合もある。

第2は，ホーキンス（1992）によって提唱されたSHELモデルである（図表3-4）。Sとはソフトウェア（Software）であり，作業手順や作業指示の内容，および手順書や作業指示書，作業指示の出し方，教育訓練の方法など，ソフト面全般にかかわる要素を意味している。Hとはハードウェア（Hardware）であり，作業に使われる道具，機械，設備など，ハード的な要素を意味している。Eとは環境（Environment）であり，照明や騒音，温度や湿度，作業空間の広さなどの，作業環境にかかわる要素を意味している。Lとは作業者本人と周りの人たち（Liveware）を示し，その人に指示，命令をする上司や，作業を一緒に行う同僚など，人的な要素を意味している。このモデルにしたがえば，ヒューマンエラーは図表3-4の右図に示すように，中心のL（作業者本人）と周囲のS，H，E，Lとの間の接面に隙間ができたときに発生する[9]（小松原，2003，p.14）。

行すべきことをしないことをそれぞれ指す（リーズン・ホッブズ，2005，p.8）。

[9] 東京電力原子力研究所ヒューマンファクター研究室では，LとSHELとのマッチングを行うマネジメントという要素を考慮したm-SHELモデル（mはマネジメントを指す）

図表3-4　ホーキンスのSHELモデル

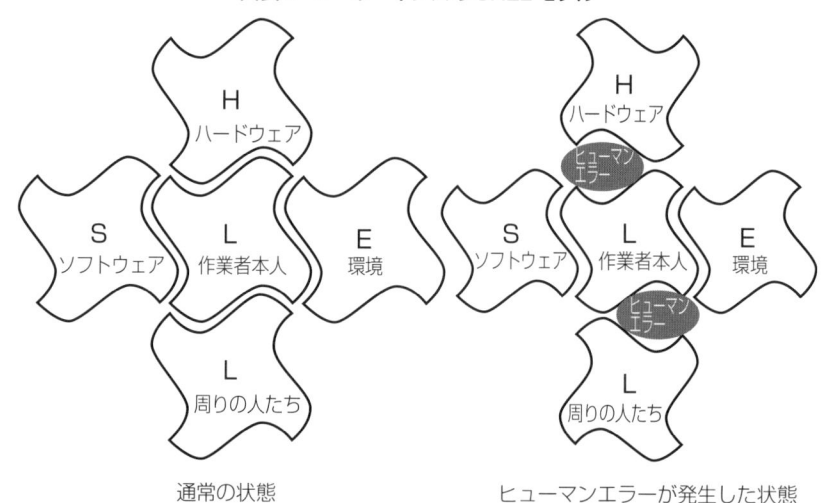

```
         H                              H
      ハードウェア                    ハードウェア
                                        ヒューマン
                                        エラー
   S      L      E              S       L       E
ソフトウェア 作業者本人 環境      ソフトウェア 作業者本人 環境
                                        ヒューマン
                                        エラー
         L                              L
      周りの人たち                   周りの人たち

      通常の状態              ヒューマンエラーが発生した状態
```

出所：小松原（2003, p.14）を基に作成。

　図表3-4のS，H，E，L各要素の波打った形が示すように，各要素の状態は常に変化している。例えば，Eであれば，夜と昼との違い，Hであれば機械の入れ替えによる違いなどがあげられる。このような変化に対してL（作業者本人）は対応する必要がある。同時に，L（作業者本人）自身も，疲れやストレスなどにより状態は変化する。SHELモデルによれば，このような各要素の状態の変化により接面に隙間ができるとヒューマンエラーが発生する。

　このように，ヒューマンエラーの要因分析は，ヒューマンエラーを引き起こす条件をとらえる枠組みを構築し，その要因間の関係の考察を試みるものである。

を提案している（小松原, 2003, p.15）。

(3) ヒューマンエラーの防止策：ヒューマンエラーによる事故を防ぐためには
どうすればよいのか？

　ヒューマンエラーの防止策の提示を目的とする研究は，①ヒューマンエラー自体の発生防止と，②ヒューマンエラーを前提としたシステム構築の2つのアプローチに分類することができる。

　①に関する認知心理学分野の代表的な議論としては，アフォーダンスをあげることができる。アフォーダンスとは，「事物の知覚された特徴あるいは現実の特徴。とりわけ，そのものをどのように使うことができるかを決定する最も基礎的な特徴を指す」（ノーマン，1990，p.14）。例えば，椅子は座ることをアフォードするし，ノブは回すことをアフォードするとされている[10]。

　ヒューマンエラーが発生する原因の1つに，機械・道具に備わった機能を人が十分に使いこなせないというインターフェイス問題が存在する（海保・田辺，1996，p.15）。この問題を回避するためには，アフォーダンスに配慮したマン・マシンインターフェイスの開発が必要となる。

　海保・田辺（1996，p.83）は，アフォーダンスとヒューマンエラーの関係について，2つの考え方を指摘している。1つは，適切な行為を自然に（考えるまでもなく）誘うような，アフォーダンスのある環境（人工物）設計をすれば，エラーが起こらないはずであるという考え方である。もう1つは，不適切な行為をさせないような環境設計をすれば，エラーを未然に防げるという考え方である。具体的には，強制選択法と呼ばれる，インターロック，ロックアウト，ロックインなどの方法がある（ノーマン，1990）。インターロックとは，一連の操作が一定の順序にしたがわないと実行できない仕掛け，ロックアウトとは，危険なところに入り込まないような仕掛け，ロックインとは，ある操作が実行されている間は入力を受け付けないような仕掛けである（海保・田辺，1996，p.85）。

　他方，②に関する人間工学分野における代表的な議論としては，ヒューマ

---

[10] アフォーダンスの詳細に関しては，ギブソン（1985），佐々木（1994）などを参照。

ンエラー発生の要因分析で提示した枠組みに示される要因間のマッチングの考慮をあげることができる。

　例えばSHELモデルの場合，ヒューマンエラーを防止するためには，各要素の接面に隙間が生じないようにすることが必要であった。したがって，図表3-4における中心のLとそれを囲むSHELとのマッチングをダイナミックにとっていくことが，ヒューマンエラーの防止策となる（小松原，2003，p.15）。

　また，ヒューマンエラーが発生したとしても，それを事故につなげないシステム作りも重要である。その代表例は，リーズン（1999，2010）が提示したスイスチーズモデルである（図表3-5）。これは，事故は防護の階層に生じた穴が偶然に一列に並んでしまうことによってシステムがもつ潜在的な危険が顕在化し，事故が発生するという考え方である[11]。幾重にも積み重なり互いに補完しあっている防護を採用していれば，理想的な状態では事故につながる可能性はきわめて低い。しかし現実には，防護の各階層には図表3-5に示すスイスチーズのような「穴」がある。この穴は，ヒューマンエラーや規則違反などの即発的エラーや，組織文化などの潜在的原因によって生じる。図表3-5に示される防護層と穴は，固定されて変化しないようにみえるが，実際には，それらは常に揺れ動いている。また，特定の防護層が調整・保守・試験などの間に，あるいはエラーや違反のために，故意に取り除かれることもある。同様に，各階層の穴は，運転員の行為や固有の事情によって大きくなったり，消滅したり，移動したりする。したがって，スイスチーズモデルを前提として多層的な防護システムを構築することが，ヒュー

11）全ての防護は以下に示す少なくとも1つの機能をもつように設計されている。①局所的に存在する潜在的な危険を認識させ，理解させること，②安全に活動するための明確なガイダンスを示すこと，③危険が差し迫ったときに警報と警告を与えること，④異常時にシステムを安全な状態へ復帰させること，⑤潜在的な危険とそれによって生じるかもしれない損害の間に安全バリアを設けること，⑥このバリアからすり抜ける潜在的な危険を封じ込め，取り除くこと，⑦潜在的な危険の封じ込めに失敗した場合の避難と救助の方法を明らかにすること，である（リーズン，1999，p.9）。

第3章　企業事故研究のアプローチ

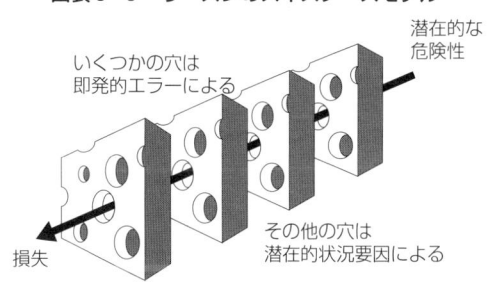

図表3-5　リーズンのスイスチーズモデル

いくつかの穴は即発的エラーによる

潜在的な危険性

その他の穴は潜在的状況要因による

損失

出所：リーズン（2010, p.123）を基に作成。

マンエラーの防止策となる。

　これら②に関する2つのアプローチに貢献する具体的な手法として，フールプルーフとヒヤリハット事例の蓄積をあげることができる。フールプルーフとは，間違った操作ができないようにすることである（芳賀，2000）。例えば，ブレーキを踏んでいないとエンジンがかからない車や，挿入する方向を間違えるとPCドライブに入らないディスクなどがあげられる[12]。

　また，ハインリッヒの法則を前提としたヒヤリハット事例の活用も，防止策としてしばしば指摘される。ハインリッヒの法則とは，1：29：300の法則とも呼ばれ，アメリカの安全技術者ハインリッヒが見い出したものである（ハインリッヒ他，1982）。大事故は何の前触れもなく起こるものではなく，1件の大事故が起こるまでには，29件の中程度の事故と，300件の微少事故が存在しているという法則である（小松原，2003, p.2）。ハインリッヒの法則で指摘される微少事故や中事故を「ヒヤリハット体験」と呼ぶ。これら，大事故の前触れとなるような様々な事例をできるだけ多く集積して，防護層

---

[12] フールプルーフと関連してしばしば言及される概念として，フェイルセーフがある。これは，故障などの異常時に安全の側に作動する仕組みを示す（芳賀，2000）。例えば，回線が切れたときに赤信号を出す方向に接点を構成する重力リレーである。フールプルーフは人間の失敗を補完する概念であり，フェイルセーフは機械の失敗を補完する概念となる。したがって，フェイルセーフという概念はヒューマンエラー研究とは直接の関係はない。ただ，システム構築の際にしばしばフールプルーフと同時に用いられる。

を改善していくという考え方がヒヤリハット事例の活用である。

3．ヒューマンエラー研究の特徴

　最後に，ヒューマンエラー研究によって企業事故を分析する際の特徴を3点指摘する。

　第1に，ヒューマンエラー研究の分析対象は，基本的に個人であることが指摘できる。そして，その個人を「ぐうたら人間像」や「人はエラーをする」という前提のもとで，企業事故の分析を試みることになる。

　第2に，分析対象である人間の行動を，事故発生の原因ではなく，結果として位置付ける点である（リーズン&ホップズ，2005，p.14）。つまり，「事故のきっかけは人間だが，事故の原因は人間ではない」という考え方に立脚している。ヒューマンエラーという用語の影響のせいか，しばしば「ヒューマンエラー」を事故の原因と考えがちである。しかし，ヒューマンエラーそのものはあくまで事故の中間地点であり，その段階で原因の究明を終わらせてはいけないことを強調している[13]。

　第3に，事故防止策としては，個人を取り巻く環境をシステムとしてとらえ，そのシステムの中にミスをしても事故につながらないような多重防護システムを構築することを主張する。これが，いわゆるスイスチーズモデルである。

Ⅲ．集団思考研究

1．集団思考研究とは

　集団思考はジャニス（Janis, I. L.）によって提示された概念である。この概念は，グループシンクあるいは集団浅慮とも呼ばれ，非常に有名な概念である。意思決定の失敗についての説明概念であり，企業事故の原因として，

---

[13] ヒューマンエラー研究においては，ヒューマンエラーを引き起こした作業者を責めることを強く戒めている。

指摘されることも多い。

　Janis（1982）では，集団思考による政策の意思決定の失敗の事例分析が行われている。具体的には，ケネディ政権下でのキューバ侵攻，トルーマン政権下での北朝鮮侵攻，ルーズベルト政権下での真珠湾攻撃に対する準備不足，ジョンソン政権下でのベトナム戦争拡大政策などが分析されている。

　彼の問題意識は，個人的には優秀なスタッフから形成される集団が，なぜ愚かな意思決定を行ってしまったのかにある。そして，その答えとして，愚かな意思決定を行ってしまう集団過程の存在を指摘し，その思考様式を集団思考と名付けたのである。つまり，集団思考とは，人が凝集的な集団に深く関与し，その集団の全会一致志向を，現実的な代替行動案の評価に対する動機よりも優先してしまう場合に陥りやすい思考様式のことである。

2．集団思考研究の概観

　Janis（1982）は集団思考の分析枠組みを提示している。そこでは，まず，集団思考の先行条件が示される。その先行条件のもとで集団思考の兆候がみられるようになる。そして，集団思考の兆候から欠陥的意思決定の兆候が生み出され，最終的に，成功確率を低下させるという構図である。以下ではこの構図にしたがい，集団思考の内容を概観する。

（1）Janis の提示した集団思考

■集団思考の先行条件

　Janis（1982）によれば，集団思考が発生する際には，いくつかの先行条件が存在する。これらの先行条件が充足するにつれて集団思考が発生する確率は高まっていく[14]。

①高凝集性

　第1の先行条件は集団の凝集性である。凝集性とは，構成員が集団を肯定的に評価し，集団にずっと所属したいと考えることである。

14）換言すれば，ここに示す先行条件が存在しなければ，集団思考が発生しないというわけではない。

②組織の構造的欠陥

組織の構造的欠陥とは，意思決定を行う集団の構造的な要因が欠陥をもっていることを指す。具体的には以下の4つが指摘されている。第1に，集団孤立化である。これは，集団構成員が組織外の他者からの情報や批判的評価を得られる機会を与えられないことである。第2に，公平なリーダーシップ伝統の欠如である。これは，リーダーシップが参加的ではなく，命令的になされることを指している。第3に，体系的決定手順を必要とする規範の欠如である。意思決定を行う際，問題を認識し，代替案を分析・評価し，最適解を選択するという手順を踏むという規範が欠如していることを指す。第4に，構成員の社会的背景や思想の類似である。これは，集団構成員の年齢，社会的地位，学歴といった社会的背景面や，支持政党，信条などの思想面が互いに類似していることである（上田，1997，p.158）。

③刺激的状況要因

刺激的状況要因とは，組織の状況要因の特徴である。具体的には，以下の2つが指摘されている。第1に，外部からの強い圧力である。これは，外部からの圧力により，リーダーが提示する解決策より良い案がみつかりそうもないことである。第2に，一時的な自尊心の低下である。これは，自分たちの能力を疑問視し，自尊心を低下させてしまうことである。例えば，最近の失敗，直面している意思決定課題の困難性，倫理的ジレンマなどが自尊心を低下させる。

■ 集団思考の兆候

先行条件の存在が大きくなるにつれて，組織は同調志向を高めていく。この同調志向が高まった際に，組織には大きく以下の3つの兆候が現れる。

① 集団の過大評価

第1に，集団構成員による不敗神話の幻想である。これにより，過度な楽観主義が生み出され，リスク思考を助長する。第2に，集団固有の道徳に関する信念が生じる。これにより，集団構成員が自分たちの決定の倫理的または道徳的な結果を無視する傾向が生まれる。

② 閉鎖的精神性

第1に，集団内での理屈付けである。これにより，自分たちの意思決定の再検討を促すような情報などを無視する可能性が高くなる。第2に，断定的な判断である。これは，敵対的な集団を悪人，弱者，愚か者であるとステレオタイプ的に判断することである。

③ 全会一致への圧力

第1に，集団のコンセンサスから逸脱することへの自己批判である。第2に，多数派の見解に対しての全会一致の幻想を抱くことである。第3に，反対者に対して直接的に圧力をかけることである。第4に，自分たちの決定の正しさに対して危険をおよぼす情報から集団を守るマインドガード（監視人）の出現である。

図表3-6　集団思考の理論枠組み

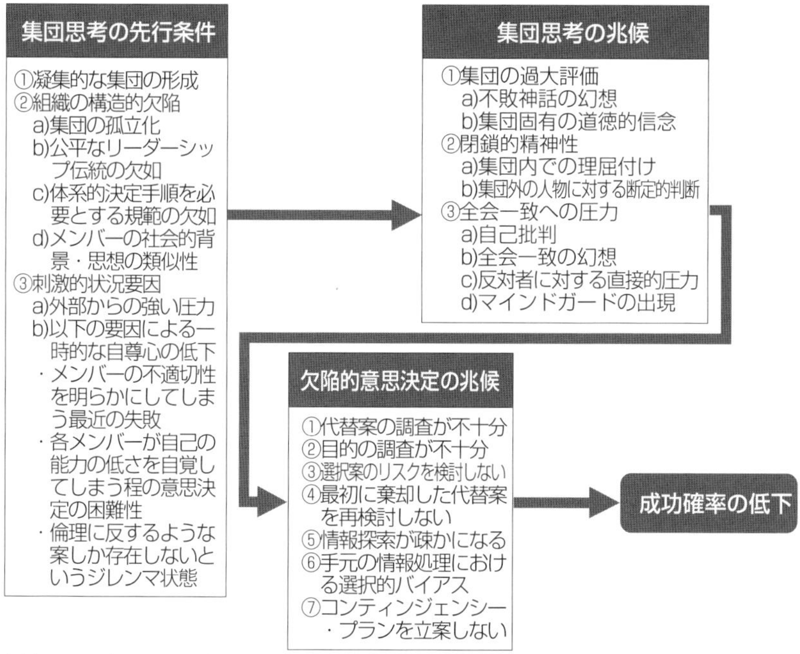

集団思考の先行条件
①凝集的な集団の形成
②組織の構造的欠陥
　a)集団の孤立化
　b)公平なリーダーシップ伝統の欠如
　c)体系的決定手順を必要とする規範の欠如
　d)メンバーの社会的背景・思想の類似性
③刺激的状況要因
　a)外部からの強い圧力
　b)以下の要因による一時的な自尊心の低下
　・メンバーの不適切性を明らかにしてしまう最近の失敗
　・各メンバーが自己の能力の低さを自覚してしまう程の意思決定の困難性
　・倫理に反するような案しか存在しないというジレンマ状態

集団思考の兆候
①集団の過大評価
　a)不敗神話の幻想
　b)集団固有の道徳的信念
②閉鎖的精神性
　a)集団内での理屈付け
　b)集団外の人物に対する断定的判断
③全会一致への圧力
　a)自己批判
　b)全会一致の幻想
　c)反対者に対する直接的圧力
　d)マインドガードの出現

欠陥的意思決定の兆候
①代替案の調査が不十分
②目的の調査が不十分
③選択案のリスクを検討しない
④最初に棄却した代替案を再検討しない
⑤情報探索が疎かになる
⑥手元の情報処理における選択的バイアス
⑦コンティンジェンシー・プランを立案しない

成功確率の低下

出所：Janis（1982, p.244）を基に作成。

■ 欠陥的意思決定の兆候

上記の集団思考の兆候が出現することにより，意思決定は以下の7つの欠陥をもつにいたる。

第1に，代替案の調査が不十分になる。第2に，目的の調査が不十分になる。第3に，選択案のリスクを検討しなくなる。第4に，最初に棄却した代替案を再検討しなくなる。第5に，情報探索が疎かになる。第6に，情報処理に選択的バイアスが生じる。第7に，コンティンジェンシープラン（不測事態に対する計画）を立案しなくなる。

これらの意思決定の欠陥が生じることにより，集団の意思決定の成功確率は低下していくこととなる。この集団思考の先行条件，集団思考の兆候，欠陥的意思決定の兆候，成功確率の低下という一連のプロセスを図示したものが図表3-6である。

■ 集団思考の防御策

集団思考に対する防御策としてJanis（1982）では，以下の9点が指摘されている[15]。

①政策立案集団のリーダーは，各メンバーが批判者の役割を果たし，反対や疑義を唱えるように推奨する。

②部下たちに政策を立案させる場合，リーダーは初めから自分の好みや期待を述べることを控え，公平な態度を示す。

③集団の外部に別のリーダーをもつ独立した政策立案・評価グループを設けて政策案を評価させる。

④政策案の実現可能性と有効性を検討する際，集団を2つ以上の下位集団に分け，異なる司会者のもとで別々に会合させ，下位集団が提示した異なる見解をもち寄って徹底的に検討する。

⑤政策立案集団の各メンバーは，各々が所属する部署の信頼できる同僚と

---

[15] これらの防御策はJanisがオリジナルで考案したものとは限らない。Janisが提示する以前から，意思決定の質を向上させることを目的に類似の手法が試みられ検討されてきた。詳しくは，佐々木（1999）を参照。

その案について討議し，その結果をもち帰って検討する。
⑥外部から専門家を招き，集団の中核的メンバーの見解に挑戦させる。
⑦集団の多数派意見を批判するデビルズアドボケート（devil's advocate）を1人以上配置する。
⑧敵対関係にある集団が存在する場合には，その集団から発信される全てのメッセージを調査する時間を充分にとり，様々な代替的シナリオを想定しておく。
⑨とりあえず合意に達した結論について再度会合を開き，各メンバーが残している疑念を率直に表明させ，全ての問題に関して再考する第2のチャンス（second chance）を与える。

（2）集団思考研究の展開

集団思考という用語は，全世界で受け入れられ，社会科学の分野で学際的な影響力をもつ最も有名な概念の1つである。同時に，集団思考の概念は一般大衆の心もとらえた（Turner & Pratkanis, 1998）[16]。このように，影響力をもつ概念であったため，ジャニスが集団思考を提示した後，集団思考に関する研究が活発に行われた[17]。

集団思考の研究は，大きく2つに分けられる。第1に，歴史的に有名な事例における現実の意思決定のプロセスを詳細に検討する事例研究である。主に，集団思考の適用範囲を確認することや，集団思考の理論を発展させることを目的としている。第2に，被験者を集団にして意思決定を行わせる実験的研究である。主に，集団思考の検証を目的としており，特に，ジャニスが提示した集団思考の先行条件が実際に集団思考を生み出すのか否かの検証が

---

16) Turner&Pratkanis（1998）では，集団思考の浸透力の証拠として，Janisが集団思考を提示してから3年後の1975年には，ウェブスターの大学生用辞書に集団思考（groupthink）が掲載されている事実を指摘している。
17) 1998年に，*Organizational Behavior and Human Decision Processes*誌において，集団思考が提示されてから25年が経過した節目として，集団思考の特集が組まれている。そこでは，心理学，経営学，政治学等多様な分野から，集団思考の検討がなされている。また，日本では，上田（1997, pp.146-179）が集団思考研究の展開について詳細な検討を行っている。

中心となっている（Esser，1998）。

なお一般的に，前者の事例研究では集団思考によって事例を説明できているのに対し，後者の実験的研究による検証においては，部分的にしか支持されていない（Park，2000）。

Esser（1998）は，17の事例研究と11の実験的研究をレビューし，①凝集性は集団思考の予兆としてはあまり有効ではないこと，②組織の構造的欠陥が集団思考の予兆として有効であることを指摘している。Park（1990）は，集団思考の兆候は外部の観察者からは簡単に判断することはできないと指摘し，集団思考の兆候は集団のメンバーがもつ個人的な感覚が重要であると指摘している。

集団思考は，現象を表す用語であり，集団で意思決定を行う場は多く存在するため，理論・実践双方においてよく使われる概念である。ただ，集団思考の概念は，その浸透度の大きさに比べて，その存在自体については未だに検討が行われていることには注意が必要である。

3．集団思考研究の特徴

最後に，集団思考研究によって企業事故を分析する際の特徴を3点指摘する。

第1に，集団思考研究の分析対象は，基本的に集団であることが指摘できる。集団思考研究の問題意識は，「優秀な個人で形成される集団が，なぜ愚かな意思決定を行うのか」であり，集団において初めて表面化する特性に注目している。

第2に，当該集団の具体的な行動ではなく，意思決定に焦点をあてていることである。ヒューマンエラー研究を初めとする他の企業事故研究とは異なり，意思決定と実際の行動との間にギャップが存在するという前提はおかず，意思決定そのものに問題がある現象に注目している。

第3に，事故防止策としては，集団における意思決定プロセスに注目し，集団思考を防止するための意思決定プロセスの改善策を提示していることで

ある。

Ⅳ．リスクマネジメント研究

1．リスクマネジメント研究とは

　現在体系化されているリスクマネジメント論は，主としてアメリカ企業における保険の有効利用を目的とした保険管理から時代の変遷とともに，その体系を発展させてきた（小室，2002）。リスクマネジメントの考え方を経営学に導入したのは，経営管理論の創始者の1人であるフランスのファヨール（Fayol, H.）であるといわれている。彼は企業経営の職能として①技術職能，②営業職能，③財務職能，④保全職能，⑤会計職能，⑥管理職能を提示している。その中で，④の保全職能が，現在のリスクマネジメントの考え方を経営管理の中に位置付けた最初の学説とみられている（南方，2001，p.30）。

　一般に，リスクは損害の発生の可能性ととらえられる[18]（亀井，2008）。リスクマネジメントを考察するためにはより詳細にリスクを検討する必要がある[19]。その際，リスクを分類する基本的な枠組みとして，純粋リスク（pure risk）と投機的リスク（speculative risk）があげられる（南方，2001，p.14）。

　純粋リスクは，それが現実化した場合に，損失のみが発生するというリスクである。例えば，地震，台風などの天災がこれに相当する。地震が発生した場合，企業は損失を被るが，地震が発生しなかったとしても，企業はそのこと自身から利益を得ることはできない。他方，投機的リスクは，それが現

---

18) リスクに関する定義に関しては，これ以外にも様々なものがある。詳細は，南方（2001, pp.5-6）を参照。また，危険にかかわる概念を表現する用語には，リスク以外にも，ロス（loss），ペリル（peril），ハザード（hazard），エクスポージャー（exposure），クライシス（crisis）などがある。これらの関係性については，小室（2002）を参照。
19) リスクの分類にはこれ以外にも様々な分類が存在する。例えば，静態的リスクと動態的リスク，人的リスク・物的リスク・責任リスク，基礎的リスクと特殊的リスク，客観的リスクと主観的リスク等である。詳しくは，南方（2001, pp.14-17），亀井（2008, pp.20-27）などを参照。

実化した場合に，利益または損失が発生するというリスクである。例えば，株式相場や経営の意思決定などは，利益を得ようとして行われるが，損失を被る可能性も存在する。この分類に基づけば，企業事故は純粋リスクに相当すると考えられる。

　アメリカのリスクマネジメントの文献は，対象リスクを損害の発生にかかわる純粋リスクに限定していた（南方，2001，p.23）。その場合，リスクマネジメントは最小限のコストで純粋リスクの悪影響を最小化することを目的としている。しかし，近年では投機的リスクもリスクマネジメントの対象となっており，南方（2001，p.25）によれば，リスクマネジメントは,「個人，企業および官公庁などの組織体が当面する純粋危険及び経済的に価値評価のできる投機的危険を処理するための科学的管理手段」と定義される。

　なお，リスクマネジメントに関連する用語として，クライシスマネジメント（crisis management：危機管理）があげられる。両者の違いについては様々な見解がある。ミトロフ（2001，p.21）では，リスクマネジメントは主に自然災害を扱う場合に用い，クライシスマネジメントは人的要因によってもたらされる危機を扱うとしている。また，事故発生後の対応策に焦点を当て，被害の最小化を目的とした取り組みをクライシスマネジメントという場合もある。これを企業事故に対応させれば，事故発生後のマネジメントに相当する。

　ミトロフ（2001）によれば，クライシスマネジメントは，1982年にアメリカで発生したタイレノール毒物注入事件から始まったと指摘されている。この事件は，ジョンソン＆ジョンソン社の製造する頭痛薬であるタイレノールに事前の警告なしに毒物が注入され，7人の犠牲者が発生した事件である。最終的に犯人はみつからなかったが，ジョンソン＆ジョンソン社は，この危機にうまく対応したと評価され，クライシスマネジメントの1つの模範とされた。完全に危機を避けることは不可能であるが，事前の適切な計画と準備があれば，危機の期間の短縮化や，被害の最小化が可能となる。

2．リスクマネジメント研究の概観

リスクマネジメント研究において主に論じられるキーワードは，リスクアセスメント，リスクファイナンス，リスクコントロールである。リスクアセスメントを行い，その後，当該リスクに対し，リスクファイナンスかリスクコントロールを行うというのがリスクマネジメントの基本構造である。以下ではこの3つの概念について，検討する。

（1）リスクアセスメント

リスクマネジメントの最初のステップは，企業活動に関連するリスクを発見し，測定すること，すなわちリスクアセスメントである。リスクの測定を行う際には，リスクの頻度とリスクの強度が分析概念としてしばしば用いられる。これによってリスクを分類し，そのリスクの特性を見極める。典型的な類型を図表3-7に示す[20]。

このようにリスクは，頻度と強度によって領域Ⅰから領域Ⅳまでの4つに類型化でき，そしてこの類型に対応して，リスクをどのように扱うのかを決定することになる。領域Ⅰのように頻度も低く，強度も低い場合には，そのまま保有しておくことが対応策となる。領域Ⅱは，頻度は低いが，強度は高いリスクである。これは，滅多に起こらないが，被害は大きいことになる。

図表3-7　リスクの頻度と強度による類型と主な対応策

		リスクの頻度（発生確率）	
		低	高
リスクの強度（衝撃度）	低	＜Ⅰ＞ 主な対応策：保有	＜Ⅲ＞ 主な対応策：除去
	高	＜Ⅱ＞ 主な対応策：転嫁	＜Ⅳ＞ 主な対応策：回避

出所：亀井（2008, p.53），南方（2001, p.81）を基に作成。

[20) マトリクスには，それぞれ，低頻度，中頻度，高頻度，小規模，中規模，大規模によって分類した3×3の類型によるマトリクスも存在するが，基本的には同一の考え方である。

このようなリスクに対しては，保険などによってリスクを転嫁することが一般的である。領域Ⅲは，頻度が高いが，強度は低いリスクである。ここでは頻度を下げることが主目的となる。領域Ⅳは，頻度も高く，強度も高いリスクである。このようなリスクに対しては，実行に移さないなどリスクの原因となり得る行動を回避することが主な対応策となる。ただし，頻度や規模をどのように推定するのかといった問題点は存在する。

（2）リスクファイナンスとリスクコントロール

さて，上記のようにリスクアセスメントによってリスクを類型化した後，次のステップは，リスクを管理することである。その管理手法はリスクファイナンスとリスクコントロールに分けられる（図表3-8）。

リスクファイナンスは，リスクが発生し，損害が生じた場合に必要な資金繰りをあらかじめ計画して準備することである。その方法としてはリスクの保有，リスクの転嫁の2種類がある。リスクの保有とは準備金を引き当てること，リスクの転嫁とは保険を購入することである。

他方，リスクコントロールは，リスクの発生を防止し，万一発生したとしても，その損害を最小化する手段である。その方法としては，リスクの回避，リスクの除去の2種類がある。リスクの回避とは，そのリスクの保有を回避することであり，リスクの高い企業行動そのものを取らないことになる。リスクの除去とは，リスクの発生頻度を低下させることと，リスクに伴う損失の強度を低下させる施策をとることである。

（3）PDCAサイクルによる整理

さて，リスクアセスメント，リスクファイナンス，リスクコントロールに

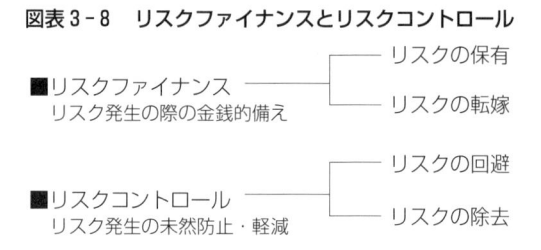

図表3-8　リスクファイナンスとリスクコントロール

- ■リスクファイナンス
  リスク発生の際の金銭的備え
  - リスクの保有
  - リスクの転嫁
- ■リスクコントロール
  リスク発生の未然防止・軽減
  - リスクの回避
  - リスクの除去

第3章　企業事故研究のアプローチ

ついて概観したが，これらはPDCAサイクル[21]にしたがった一連のプロセスに基づいて整理することが可能であり，これをリスクマネジメントサイクルと呼ぶ（図表3-9）。まず，①当該企業のリスクの発見である。次に，②潜在的リスクの分析および測定である。このステップはリスクアセスメントに相当する。そして，③リスク処理のための選択可能な手段の開発である。この主要な手段としてリスクファイナンスとリスクコントロールが存在する。その後，リスク処理のための最適手段の選択もしくは諸手段の組み合せを行い，④選択された手段の実行がなされる。最後に，⑤リスクマネジメント業務の統制・調整するための監視がなされる。このリスクマネジメントサイクルに基づき，リスクアセスメント，リスクファイナンス，リスクコントロールを行うことが，リスクマネジメントシステムの基本である。このサイクルの結果として，コンティンジェンシープラン（不測事態に対する計画）などが策定される。

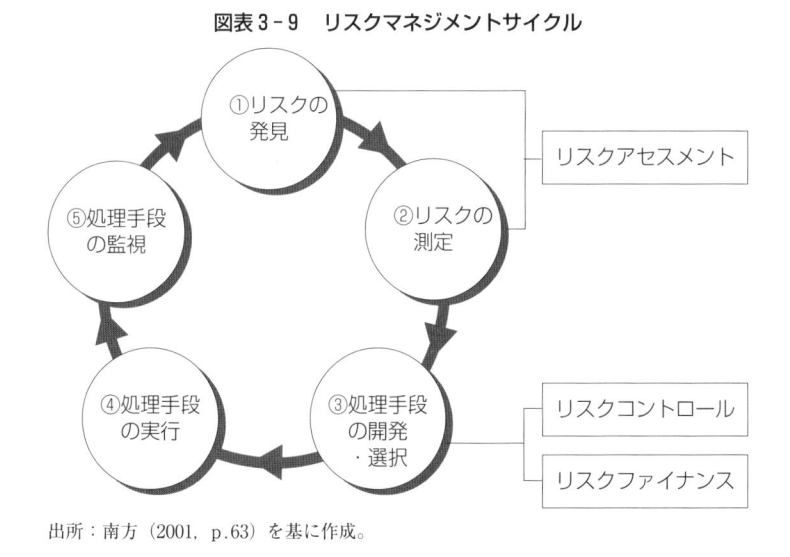

図表3-9　リスクマネジメントサイクル

①リスクの発見 → ②リスクの測定 ⇒ リスクアセスメント
③処理手段の開発・選択 ⇒ リスクコントロール／リスクファイナンス
④処理手段の実行
⑤処理手段の監視

出所：南方（2001, p.63）を基に作成。

---

21) PDCAサイクルとは，Plan（計画），Do（実行），Check（評価），Act（調整）というマネジメント・サイクルを指す（井原，1999）。

3．リスクマネジメント研究の特徴

最後に，リスクマネジメント研究によって企業事故を分析する際の特徴を3点指摘する。

第1に，リスクマネジメント研究の分析対象は，基本的に企業全体であることが指摘できる。他の企業事故研究は，主に個別の事故そのものを分析対象としていることが多いが，リスクマネジメント研究は事故も1つのリスクとしてとらえ，企業活動全般に関係する複数のリスクを分析対象とした考察を行う。[22]

第2に，特定のリスクよりは全般的な複数のリスクに注目している点である。そのため，企業事故発生のメカニズム研究というよりは，企業事故をリスクとしてとらえたマネジメント研究といってよい。例えば，リスクマネジメント研究において，リスクファイナンスというリスク管理手法が存在する。確かに保険をかけることは企業経営の立場からはリスクをマネジメントする手法であるが，企業事故防止活動とはいえない[23]。

第3に，事故防止策としては，リスクのマネジメントプロセスに注目している。リスクマネジメント研究は，経営管理論のPDCAサイクルを基本に議論が展開されている。したがって，リスクマネジメントシステム（体制）の構築がリスク発生を回避するという主張となる。

V．高信頼性組織研究

1．高信頼性組織研究とは

企業事故研究において，近年注目されている経営学分野のアプローチとして高信頼性組織（HRO：High Reliability Organization）研究がある。高信

---

[22] 企業経営の視点から企業事故を取り扱うために，リスクマネジメント研究と関連して，事故発生後の対応に注目したクライシスマネジメント研究が関連して展開されることになる。

[23] むしろ，モラルハザードが生じ，企業事故防止に対してはネガティブな影響さえもたらすかもしれない。

頼性組織研究のアプローチは，従来の企業事故研究とは異なる特徴をもつ。従来の企業事故研究が，事故を引き起こした組織を対象に，「なぜ，どのようにして事故が引き起こされたのか」についての解明を試みたのに対して，高信頼性組織研究では，長期にわたって事故を引き起こしていない組織を対象に，「なぜ，どのようにしてそのような高いパフォーマンスが維持されているのか」についての解明を試みる。さらに，高信頼性組織研究では，組織文化といった組織論にかかわる知見が用いられており，経営学における企業事故研究として注目を浴びつつある。

2．高信頼性組織研究の概観

高信頼性組織研究は，1980年代後半からカリフォルニア大学バークレー校を中心に進められてきた（西本，2006）。代表的な研究メンバーは，組織心理学者のロバーツ（Roberts, K. H.），政治学者のラポルテ（LaPorte, T. R.），技術社会論のロックリン（Rochlin, G. I.）の3人であり，社会心理学者であるワイク（Weick, K. E.），事故研究で有名なペロー（Perrow, C.），組織論者のスコット（Scott, W. R.）なども参加している[24]。

高信頼性組織研究では，過失や大惨事が起きやすい状況下で優れたパフォーマンスを発揮している組織を高信頼性組織と位置付ける[25]。そして，その組織を調査・分析し，優れたパフォーマンスの原因と考えられる組織的特徴を抽出する。ここでは，代表的な研究として，ワイク＆サトクリフ（2002）を概観し，その内容について確認する。

ワイク＆サトクリフ（2002）では，高信頼性組織を，「つねに過酷な条件下で活動しながらも，事故発生件数を標準以下に抑えている組織」とし，原子力航空母艦および原子力発電所を高信頼性組織として位置付ける[26]。

---

[24] 具体的なメンバーの概要に関しては西本（2006）を参照。
[25] 代表的な例としては，原子力航空母艦，航空管制システム，航空機の運行，人質解放交渉，救急医療センター，原子力発電所，化学プラント，山林火災消防隊などがあげられている（ワイク＆サトクリフ，2002, p.vii）。
[26] ワイク＆サトクリフ（2002, p.5）によれば，高信頼性組織は，度重なる不測の事態

その原子力航空母艦において，クルーがほとんどの時間を過ごす空母の甲板は「世界で最も危険な4.5エーカー」と呼ばれる。ワイク＆サトクリフ（2002, pp.36-37）では，空母上の作業風景に関する元海軍兵の説明を引用している[27]。

　　大都市の空港がうんと小さくなって，とても混雑している様子を思い浮かべて欲しい。滑走路は短いものが一本だけ，タラップやゲートも一つずつしかない。複数の飛行機を，横揺れする滑走路に普通の空港の半分の間隔で同時に離着陸させるんだ。朝発進した機はすべてその日のうちに帰艦させねばならないし，空母の各種装備も戦闘機自体もシステムとしてギリギリの状態にあって余裕などまったくない。それから，発見されないようにレーダーのスイッチを切り，無線に厳格な統制を課し，エンジンをかけたままの戦闘機にその場で給油し，空中にいる敵には爆弾やロケット弾を命中させる。海水と油ですっかり汚れた甲板に，20歳前後の若いクルーたちを配置する。半分は飛行機を間近で見たことのない連中だ。ああ，それからもう一つ，死者を1人も出さないようにするんだ。

　ワイク＆サトクリフ（2002）では，高信頼性組織を検討した結果，共通にみられる特徴として，「マインドの高さ」を指摘している。これは心構えが高い状態を維持していることであり，常に現状を見直していることを指す[28]。

に直面する組織である。不測の事態に直面する確率が桁違いに高い理由は，①複雑な技術が使われていること，②関与する人々やその要求レベルが多岐にわたること，③運営者が自らのシステム全体や目の前の状況を完全に把握できないこと，による。
27）この記述は，Weick & Roberts（1993, p.357）から引用されたものである。
28）ワイク＆サトクリフ（2002, p.58）によれば，マインドとは，「現状の予想に対する反復的チェック，最新の経験に基づく予想の絶え間ない精緻化と差異化，前例のない出来事を意味づけるような新たな予想を生み出す意思と能力，状況の示す意味合いとそれへの対処法に対する繊細な評価，洞察力や従来の機能の改善につながるような新たな意味合いの発見，といった要素が組み合わさったもの」である。

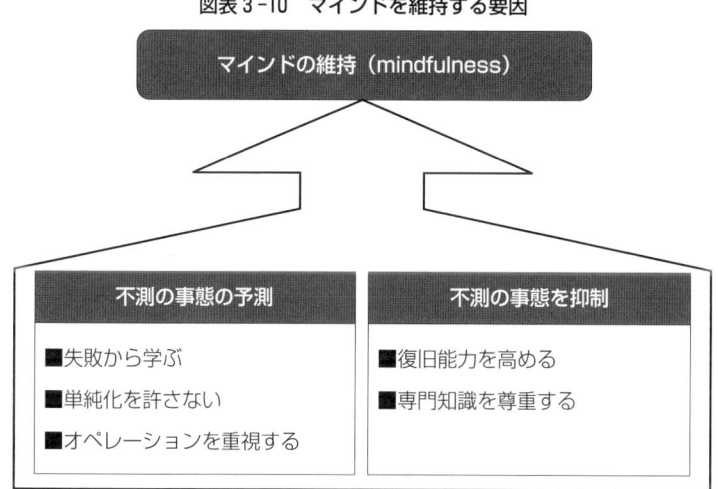

第3章　企業事故研究のアプローチ

図表3-10　マインドを維持する要因

```
         マインドの維持（mindfulness）
          ↑                    ↑
┌──────────────────┐  ┌──────────────────┐
│  不測の事態の予測  │  │  不測の事態を抑制  │
├──────────────────┤  ├──────────────────┤
│ ■失敗から学ぶ      │  │ ■復旧能力を高める  │
│ ■単純化を許さない  │  │ ■専門知識を尊重する│
│ ■オペレーションを  │  │                    │
│   重視する         │  │                    │
└──────────────────┘  └──────────────────┘
```

そして，高信頼性組織がマインドを維持するための要因として，以下の5つを指摘する[29]（図表3-10）。

第1に，「失敗から学ぶ」である。高信頼性組織は，失敗にこだわり，いかなる失敗に対しても徹底的な原因分析が行われ，教訓を引き出す。そのため，まず，間一髪で事故を免れたケースであっても潜在的危険を示唆する一種の失敗とみなす。また，どれほど些細な失敗であっても必ず報告するように指導がなされる。そのため，過失やミスを報告した者を奨励・評価するばかりでなく，報告した者が過失を犯した本人である場合においても，奨励・評価がなされることが指摘されている。

第2に，「単純化を許さない」である。複雑な活動を調整するためには，重要な課題を選択し，その課題の解決のための特定の指標に注意を集中する必要がある。これが単純化である。しかし，高信頼性組織では，微妙な意味

[29] 高信頼性組織研究において指摘される高信頼性組織の特徴は，必ずしも共通ではなく，論者によって異なっている。例えば，Roberts & Libuser（1993）では，①柔軟な意思決定，②適切なチェックとバランス，③権限と責任（accountability），④訓練，⑤的確な報酬と統制，⑥適切な文化が指摘されている。他の論者によって指摘されている高信頼性組織の特徴は中西（2007, p.46）を参照。

合いまで認識するために，単純化するものを減らし，多様な観点からより多くのものに目を向ける。例えば，「与えられた図面は正しい」という前提のもとで作業を行うのではなく，「与えられた図面が間違っている」可能性の観点からも検討する。また，複数の部門のメンバーが交流することで常に各部門の観点から検討を行う癖を付けることが指摘されている。

第3に，「オペレーションを重視する」である。高信頼性組織は，他の組織と比較して，戦略より現場の状況を重視する傾向が強い。オペレーションが実際に行われる現場において，責任者だけでなく，全員がリアルタイムの情報に注意を払い，オペレーション全体の最新状況を常に把握することを心がけている。

以上の3つは，不測の事態を予測し，それに備えることを目的としたプロセスである。つまり，失敗を教訓とし，できるだけ多くのものに注意を払い，オペレーション重視の姿勢を貫くことがマインドの維持につながり，事故防止策となる。

第4に，「復旧能力を高める」である。復旧能力は，ミスの拡大防止措置とシステムが機能し続けるための即興的な対応措置から構成される。正常稼働の範囲を超えた状況が発生した場合，診断が完了する前に復旧にとりかかり，考えながら行動する，ないしは，明確に考えるために行動することを促す。迅速に状況を把握し復旧することは，リアルタイムの学習でもあり，事前には想定していなかった策を幅広く考えながら事態に対処する必要がある。復旧能力を重視する高信頼性組織は，変化に素早く対応できる汎用的能力の育成に力を入れている。例えば速やかなフィードバック能力，迅速な学習能力，素早く正確なコミュニケーション能力，即興的な対応能力などである。また，非公式なネットワークも積極的に活用される。状況に応じて，知識のある者たちが自発的に集まり，専門的な問題解決法を提案し合うことにより，知識や対応策が増大する。

第5に，「専門知識を尊重する」である。厳格なヒエラルキー型組織では，上位層の過ちが下位層の過ちに結びつくために，上位層の過ちから生じる問

題が拡大し，被害が深刻になる可能性が高い。これを防ぐために，高信頼性組織では，意思決定を下位層に広く任せている。決定は現場レベルで行われ，権限は専門知識が最も豊富な者に委譲される。高信頼性組織では，平常時，変化の速い時期，緊急時を区別し，現在どのモードで稼働しているかを，組織に対してその都度明確に示す。そして，平常時の意思決定は上位層が担当するが，変化の速い時期には権限を下位層に委譲し，船が沈没するなどの危機的な局面では，事前に定めた緊急体制を敷く。

　この2つは，不測の事態の抑制を目的としたプロセスである。つまり，不測の事態が生じた際のために復旧能力を高めておき，実際に起きた際には，弾力的な組織運営を行うことが対応策となる。

3．高信頼性組織研究の特徴

　最後に，高信頼性組織研究によって企業事故を分析する際の特徴を3点指摘する[30]。

　第1に，高信頼性組織研究の分析対象は，基本的に組織であることが指摘できる。ただし，従来の企業事故研究は事故を引き起こした組織を分析対象としているのに対し，高信頼性組織研究では，長期間にわたって事故を引き起こしていない組織が分析対象となっている。従来の企業事故研究は，いわゆる失敗事例の研究である。他方，高信頼性組織研究は，成功事例の研究である。従来の企業事故研究は，選択した事例を反面教師ないしは他山の石として位置付けることになる。他方，高信頼性組織研究は，選択した事例をロールモデル（手本）として位置付けることになる[31]。

　第2に，企業事故発生の普遍的・間接的原因に焦点を当てていることである。従来の企業事故研究では，企業事故の発生メカニズムを分析するために，

---

30) これらの特徴は，福島（2006），西本（2006），中西（2007）を参考にしている。
31) ワイク＆サトクリフ（2002, p.25）では，高信頼性組織研究の特徴として，「不測の事態をどうマネジメントするか」という問題に対し，「HROを行動の手本とする」というこれまでにない解答を提示しているところにあるとしている。

技術的・人的・組織的原因に分析の焦点が当てられ，個別的・直接的原因に関する知見を導出してきた。他方，高信頼性組織研究では，事故率の低下に関係しそうな様々な組織的工夫に焦点が当てられ，普遍的・間接的原因に関する知見を導出している（福島，2006, p.25）。この理由は，高信頼性組織研究が，事故を起こしていない組織を分析対象としており，個別的で直接的な事故原因が分析対象には存在しないためである[32]。

第3に，事故防止策としては，事故を引き起こさない組織を高信頼性組織と位置付け，その共通点から普遍的・間接的な原因を探索することになり，主に高いマインドを維持する組織文化の構築が注目されている[33]。

高信頼性組織研究は，他の企業事故研究と研究アプローチが大幅に異なるため，従来の企業事故研究と高信頼性組織研究の比較検討によって導出された特徴を図表3-11に整理した。

図表3-11 従来の企業事故研究と高信頼性組織研究の比較

	従来の企業事故研究	高信頼性組織研究
分析対象	事故を引き起こした組織	高信頼性組織 （事故を長期間にわたって引き起こしていない組織）
事例の位置付け	失敗事例 （他山の石，反面教師）	成功事例 （ロールモデル）
分析の焦点	事故を引き起こした技術的・人的・組織的原因	事故率の低下に関係しそうな様々な組織的工夫
導出される知見	個別的・直接的原因	普遍的・間接的原因

[32] 論理的には，事故を引き起こしていない組織においても，個別的・直接的な事故防止の取り組みについて調査することは可能である。ただ，事故を引き起こす前に，引き起こされる可能性のある全ての事故について事前に完全に把握することは非常に困難である。

[33] 本書では理念型としての高信頼性組織研究を想定しているが，実際の高信頼性組織研究では，事故を引き起こした企業との比較を明示的に行っている場合も多い。例えば，ワイク・サトクリフ（2002）では，ユニオン・パシフィック鉄道の失敗事例を取り上げている。

Ⅵ. 企業倫理研究

1. 企業倫理研究とは

　企業倫理研究では，企業行動を倫理的側面から検討し，考察を行うため，企業不祥事を倫理的問題として取り扱う。企業事故は，厳密な意味で必ずしも企業不祥事であるわけではない[34]。しかしながら，企業倫理が問われた事例として企業不祥事が取り扱われ，その中でしばしば企業事故が扱われている。すなわち，企業事故は企業不祥事の1つとして扱われる。本書で扱う雪印乳業集団食中毒事件も，企業事故としてだけではなく企業不祥事の事例としてしばしば扱われている[35]。そのため，企業事故研究にとって，企業倫理研究を概観することは重要であると考えられる。本節では，経営学分野において企業不祥事を扱う代表的な研究として企業倫理研究を取り上げ，概観する。

2. 企業倫理研究の概観

　企業倫理研究では，企業が倫理的問題を避けて通れないことを前提としている。資本主義社会の発展に伴い，企業は社会に対し大きな影響力をもつようになった。もちろん，技術革新や雇用創出などのポジティブな影響もあるが，同時に，環境問題や貧困問題などのネガティブな社会問題にも企業がかかわるようになった。さらに，単独の企業としても，その意思決定や行動が社会に大きな影響を与えることもある[36]。企業不祥事もその範疇に属する。
　企業倫理研究では，企業不祥事を企業倫理の欠如の現れとしてとらえる。以下では，企業倫理研究からとらえた企業不祥事の原因とその対応策について概観する。

---

34) 詳しくは第2章第1節を参照。
35) 例えば，村上・吉崎（2008）。
36) 例えば，特定の工場や店舗の閉鎖が社会問題として取り扱われることである。

（1）企業不祥事の原因

　企業倫理の確立が求められるようになった背景には，度重なる企業不祥事が発覚した事実が指摘されている（出見世，2004）。企業倫理研究では，不祥事を引き起こした企業に対して，倫理の欠如を指摘する。この倫理の欠如には大きく2つのタイプがある。第1に，経営者の倫理の欠如である。これは，談合など，倫理的に問題のある企業行動がとられた際に，経営者をその企業行動の意思決定主体として位置付けることができるためである。第2に，従業員の倫理の欠如である。これは，従業員のモラル低下に伴う法令および社内ルール違反の日常化などがあげられる。

　そして，これらの倫理の欠如の原因として，企業の利益優先主義が指摘される。これは，企業が利益を優先した結果，倫理が欠如した企業行動をとり，結果として企業不祥事（事故）が引き起こされるという構図である。

　この利益優先主義の原因として，株主重視主義が指摘されることが多い。例えば，ミッチェル（2005）は，企業の行動に影響力をもたない人々への生産コストの押しつけが行われていると指摘する。そして，アメリカ企業の最大の問題点である企業の無責任性（corporate irresponsibility）の原因として，短期的な株価最大化への傾倒を指摘する。さらにその原因として，経営者にとって責任と道徳観をもって行動する自由を制限している企業構造を指摘する。

（2）企業不祥事の防止策

　企業倫理論における企業不祥事の防止策として，以下の2つが指摘できる。

　第1に，制度的アプローチである。これは，政府や業界団体主導で法制度改正などを行い，対象となる企業の倫理性を高めていく活動である。これらの改正を通じて，企業を規律づけることになる。主な制度としては，連邦量刑ガイドラインをあげることができる。連邦量刑ガイドラインとは，アメリカ連邦法上の犯罪について，組織・個人が違法行為で有罪となった場合に，裁判官がどのような基準で，量刑および罰金を科すべきかの基本的な原則を示したガイドラインのことである（日本経営倫理学会編，2008）。具体的に

は，企業が違法行為を犯した際に，効果的な倫理・コンプライアンスプログラムの有無によって量刑を増減するというものであり，企業に対して違法行為防止策の実施を推奨することを目的としている（梅津，2005）。

　この他にも，企業の倫理性を高めるための制度的な改革を提示する論者は多い。例えば，ミッチェル（2005）は，その対応策として，①従業員を費用ではなく資産として扱う，②取締役の任期を5年間に延長する，③四半期決算をやめ1年決算に切り替える，④株式の30日以内の短期保有に関してはキャピタルゲインに課税するなどの提案を行っている。

　第2に，マネジメントアプローチである。代表的なマネジメントとしては，ステイクホルダーマネジメントとコンプライアンスマネジメントが存在する。

　まず，上記で指摘した株主重視主義からの脱却として，規範的に提言される内容が，ステイクホルダー重視の経営である。ステイクホルダー（stakeholder）とは，「企業組織の目的の達成に影響を与えることのできる，または企業組織の目的達成によって影響を被る何らかのグループもしくは個人」のことを指す（Freeman, 1984, p.25）。つまり，企業と利害関係をもつ集団のことである。ステイクホルダーモデル（図表3-12）では，社会を

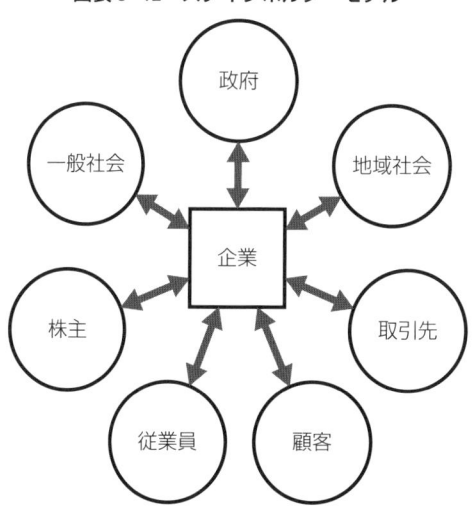

図表3-12　ステイクホルダーモデル

ステイクホルダーの集合体としてとらえ，企業は様々なステイクホルダーに囲まれて存続しているという視点から企業をとらえる。このステイクホルダーモデルに基づいた経営のあり方は，ステイクホルダーマネジメント（stakeholder management）と呼ばれる。ステイクホルダーマネジメントは，企業を取り巻く環境を考慮した経営として位置付けることができ，そこでは，経営者は企業が影響を受けるステイクホルダーを考慮するだけではなく，企業が影響を与えるステイクホルダーにも配慮した経営を行う必要があることが主張される[37]。

より具体的に，ステイクホルダーの取締役会への参加や，企業とステイクホルダーが対話する機会を設け，特定の問題について議論するというステイクホルダー・ダイアログ（stakeholder dialogue）が提唱される。これらは，ステイクホルダーの意見を企業の意思決定に反映させることを目的としている。

他方，企業の倫理性に関して内部体制構築に重点を置いたマネジメントが，コンプライアンスマネジメント（compliance management）である。コンプライアンスとは，法令遵守のことであるが，実際には，法令に加えて，社内規定，さらには社会的規範をも含む場合が多い。具体的な施策としては，倫理綱領（倫理ガイドライン）の設定，倫理オフィサーの設置，倫理教育の実施，社内ホットラインの整備などがある。これらを通じて，従業員に，コンプライアンスの重要性を認識してもらうことが目的である（ドリスコル・ホフマン，2001）。

また，コンプライアンスマネジメントを発展させたものとして，価値共有を主眼に置いた内部体制が提言されることも多い[38]（ペイン，1999；梅津，2007）。その場合，従来のコンプライアンスマネジメントをコンプライアンス型のマネジメントと位置づけ，対比する形で価値共有型のマネジメントが特徴づけられる。コンプライアンス型と価値共有型の特徴を図表3-13に提

---

[37] 企業とステイクホルダーとの関係の詳細については櫻井（1991）を参照。
[38] ただ，両者は必ずしも対立するアプローチではなく，補完関係にあると指摘されることが多い。

図表3-13 コンプライアンス型と価値共有型

	コンプライアンス型	価値共有型
目的	非合法行為の防止	責任ある行為の実行
精神的基盤	外部から強制された基準に適合	自ら選定した基準に従った自己規制
コードの特徴	詳細で具体的な禁止条項	抽象度の高い原則
リーダーシップ	弁護士が主導	経営者が主導
管理手法	監査と内部統制	責任を伴った権限委譲
相談窓口	内部通報制度（ホットライン）	社内相談窓口（ヘルプライン）
教育方法	座学による受動的研修	ケースメソッドを含む能動的研修
裁量範囲	個人裁量範囲の縮小	個人裁量範囲内の自由
人間観	物質的な自己利益に導かれる自立的存在	物質的な自己利益だけでなく、価値観、理想、同僚にも導かれる社会的存在

出所：梅津（2007）p.9 を基に作成。

示する[39]。現実には，厚いマニュアルを手にしながら仕事をすることは困難であるため，最終的には，価値共有を促進する倫理的文化を構築することが必要であると考えられている（ドリスコル・ホフマン，2001）。

　倫理的な行為が経済的に有利かどうかは，社会の期待と社会の制度のあり方にかかわっている（ペイン，2004，p.102）。それゆえ，制度的アプローチは倫理的な行為が経済的に有利な状況を作り出すことを目的にしている。いわゆる「アメとムチ」である。その際に，企業に対し，株主重視と異なる企業観として，ステイクホルダーマネジメントを提言する。さらに，従業員の倫理感の醸成を目的として，経営者がコンプライアンスマネジメントを採用

---

[39] 両者の違いを説明する喩えとして以下のような説明がなされている。庭の中心にある木に長さ180cmのロープで犬を括りつけるやり方が法令遵守型のイメージである。他方，犬に自由を与え，庭の使い方を訓練し，庭や花壇にある程度のフェンスを張り巡らし，犬に自由を与えるやりかたが価値共有型のイメージである（ドリスコル・ホフマン，2001，pp.140-141）。

することを主張する。

3．企業倫理研究の特徴

最後に，企業倫理研究によって企業事故を分析する際の特徴を3点指摘する。

第1に，企業倫理研究の分析対象は，基本的に企業全体であることが指摘できる。また，企業事故だけに注目しているわけではなく，企業事故は企業不祥事の1つとして扱われる。企業不祥事全体を非倫理的企業行動としてとらえているため，非倫理的行動が企業事故の原因として位置付けられていることになる。

第2に，非倫理的行動が企業事故の原因であることが前提になっているため，企業事故の発生メカニズムにはあまり注目していない。もっぱら企業を倫理付けるための対応策，つまり企業事故の防止策に焦点が当てられている。

第3に，事故防止策としては，企業のガバナンス構造の改革といった企業内部のコンプライアンス体制の構築とともに，企業を規律づける法制度などの制度変更まで視野に入れていることである。そのため，本書で取り上げた6つのアプローチの中では最もマクロな視点から企業事故をとらえているといえよう。

Ⅶ．技術的逸脱の標準化

1．技術的逸脱の標準化とは

ボストン大学の社会学者であるヴォーン（Vaughan, D.）は著書 *The Challenger Launch Decision: Risky Technology, Culture, and Deviance at NASA* において，1986年1月に発生したスペースシャトル・チャレンジャー号の爆発事故の事例分析を行っている。この分析は非常に斬新であり，社会学における代表的な事故研究となっている。以下では，Vaughan（1996）に基づき，チャレンジャー号事件の概要と，技術的逸脱の標準化の概念，そして，この

第3章　企業事故研究のアプローチ

研究アプローチの特徴について検討する。

２．技術的逸脱の標準化の概観
（１）チャレンジャー号事件の概要

　1986年1月28日，フロリダ州ケネディ宇宙センターからスペースシャトル・チャンジャー号が打ち上げられ，その73秒後に爆発した。7名のクルーは全員死亡した。

　この爆発事故の直接的な原因は，固体燃料補助ロケットブースターの接合部で用いられていたゴム製のO-リング（オー・リング）が低温下で弾性を喪失し，接合部から燃料ガスが漏れたことである（図表3-14）。

　O-リングは，ブースターを接合し，内部の燃料を密閉するために使われる部品である。ブースターを接合し，密閉するためには弾性をもつ必要がある。しかし，打ち上げ当日は極端に冷え込み，外気温で約2℃であったため，O-リングのゴムが弾性を失い，密閉機能を果たさず，燃料が漏れ，引火・

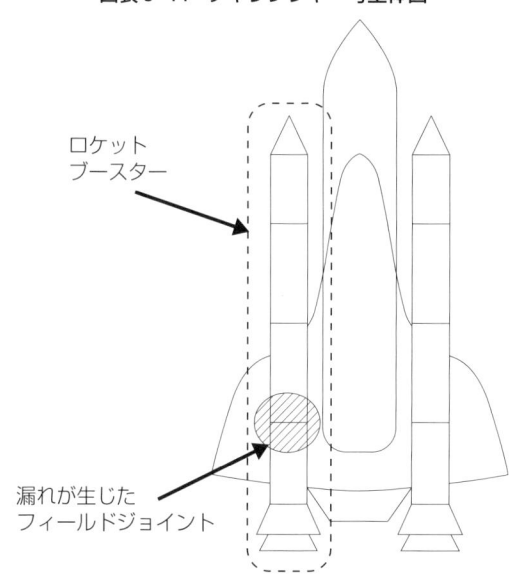

図表3-14　チャレンジャー号全体図

（ロケットブースター／漏れが生じたフィールドジョイント）

図表3-15　ロケットブースターとフィールドジョイントの拡大図

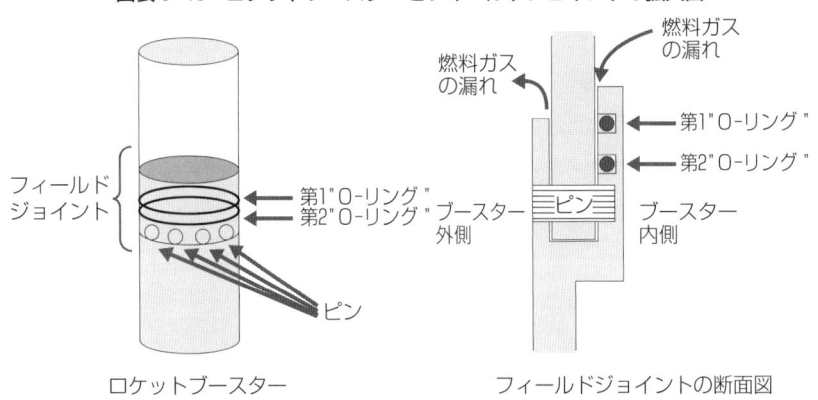

ロケットブースター　　　　　　　　　フィールドジョイントの断面図

爆発したのである（図表3-15）。

　この事故では，しばしば以下の点が指摘されている。事故を引き起こしたSRB（ソリッドロケットブースター）の製造を請け負っていたサイオコール社の技術者であるボジョリーは，打ち上げ当日が低い気温になることが予想されたため，打ち上げに懸念を示し反対していた。しかし，NASAとサイオコール社はリスクがあったとしても事故にはつながらないと判断したのである。その理由として，NASAでは打ち上げのスケジュールを守ることが最優先事項になっていたことにあると主張されている。

（2）技術的逸脱の標準化の提示

　Vaughan（1996）では，チャレンジャー号打ち上げ決定の伝統的な解釈とは異なる解釈の提示を主要な目的としている。伝統的な解釈とは，なぜ，サイオコール社の技術者が反対していたにもかかわらずNASAは打ち上げに賛成したのかという問いに対する答えとして，①打上スケジュールへの固執と②経営上の判断ミスを指摘するものである。さらに，この背景として，NASAは予算削減に直面していたことと，NASAは安全のルールを日常的に違反していたことが指摘される。まとめれば，組織への経済的な重圧と安全ルールの違反によって打ち上げスケジュールに固執したために，安全規則に違反していると知りながら，経営者はO-リングの危険性の情報を抑圧

第3章　企業事故研究のアプローチ

図表3-16　チャレンジャー号事件における技術的逸脱の標準化の内容

年		技術的逸脱の標準化の内容
1977〜1981年	潜在的な危険	耐久試験によって，打ち上げ時に接合部に隙間ができる可能性があり，O-リングは設計で意図された以上の働きを要求されることが判明
	リスクの受入	隙間ができても第1O-リングは密閉機能を果たすと判断される。また，バックアップとして第2O-リングも存在することから受入可能なリスクであると判断
1981〜1984年	潜在的な危険	打ち上げられたシャトルを回収して検査した際，第1O-リングは燃料ガスによって浸食されていたこと（焼き通されたこと）が判明
	リスクの受入	浸食されていても第1O-リングは密閉機能を果たしていたことから，受入可能なリスクであると判断
1985年	潜在的な危険	打ち上げられたシャトルを回収して検査した際，燃焼ガスが第1O-リングを通り越し吹き抜けてしまったことが判明
	リスクの受入	燃焼ガスが吹き抜けることは散発的であり，その際にも第2O-リングが密閉機能を果たしていたことから受入可能なリスクであると判断

出所：Vaughan（1996），コリンズ・ピンチ（2001）を基に作成。

（過小評価）してしまったという解釈である。

　この従来の解釈に対して，Vaughan（1996）では，技術的逸脱の標準化（normalization of deviance）という概念を提示する。これは，設計上の想定から逸脱した事態が生じた場合でも，その事態は基準内であり，受入可能なものとして再解釈され，受容可能なリスクであると公式に認められていくことである。

　Vaughan（1996）は，この技術的逸脱の標準化が1970年代の後半からNASAで発生していることを明らかにする。O-リングに関連する不具合が発見されると，そのような不具合が存在する状況においても安全性は担保されているのか否かについて実験や議論が行われる。その中で，その不具合は容認され，正当化されていくのである。このパターンは，NASAにおいて大きく3回繰り返されている（図表3-16）。

　Vaughan（1996）は，技術的逸脱の標準化が引き起こされる原因として，以下の3つを指摘する。

第1に，現場における文化の形成（production of culture）である。文化とは技術的問題に対する問題解決の方法のパターンを示す。この文化の形成においては，社会的コンテクストと情報のパターンが意思決定に影響を及ぼす。
　この場合の社会的コンテクストとは，シャトルは前例のない設計であり，試験に限界があることである。また，シャトルは再利用するように設計されていたため，何か問題は発生するであろうし，次の打ち上げまでに修正すればよいと解釈されていた。
　またこの場合の情報のパターンとは，多くの打ち上げではブースターに問題がなく，問題が発生したブースターの状況はランダムにみえたことである。その結果，一つひとつの問題に個別の回答が与えられた。もし，技術的問題が共通の原因のもとに一斉に引き起こされ，それが共通の原因によって起きているのであれば，疑問がもたれたのかもしれない。
　第2に製造の文化（culture of production）である。NASAでは，優秀な技術的文化，政治的説明責任，官僚的説明責任が存在した。技術的文化とは，厳密な方法論と定量的なデータにこだわることである。政治的説明責任とは，シャトルを製造すること，そして，そのコストに注意が払われることである。官僚的説明責任とは，ルールと手続きにこだわることである。したがって，NASAでは，定量的なデータにしたがって行動することが求められ，コストとスケジュールに関心が集まっており，規則にしたがうことが重要視されていた。
　そしてこのような文化を背景に，回収されたシャトルの分析から定量的なデータが得られ，ブースターの設計は受入可能なリスクであるという確信が生まれた。技術的な問題による不確実性は高まっていたが，政治的説明責任を伴うコストとスケジュールに注意が払われていたため，長期間かかる試験を行うために計画を中止することができなかった。コストとスケジュールに影響を与える打ち上げの延期には，その根拠となる定量的なデータに基づき，正式な手続きに則って行う必要があったのである。また，官僚的説明責任によって全てのルールと手続きにしたがっていることは，ブースターの設計は

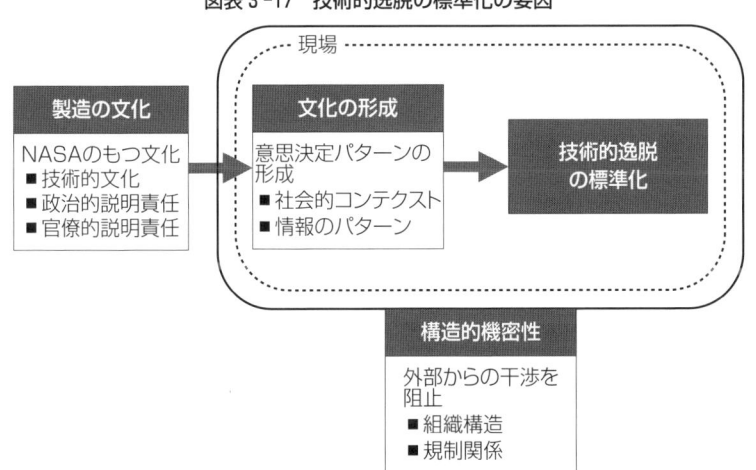

図表3-17 技術的逸脱の標準化の要因

```
                    ┌─── 現場 ──────────────────────────┐
  ┌──────────┐      │  ┌──────────┐                    │
  │ 製造の文化 │      │  │ 文化の形成 │                    │
  │          │      │  │          │    ┌──────────┐    │
  │NASAのもつ文化│ ──→ │  │意思決定パターン│ →│技術的逸脱  │    │
  │■技術的文化 │      │  │の形成      │   │の標準化   │    │
  │■政治的説明責任│    │  │■社会的コンテクスト│ └──────────┘    │
  │■官僚的説明責任│    │  │■情報のパターン │                 │
  └──────────┘      │  └──────────┘                    │
                    │                                    │
                    │         ┌──────────┐               │
                    │         │構造的機密性│               │
                    └─────────┤          ├───────────────┘
                              │外部からの干渉を│
                              │阻止       │
                              │■組織構造  │
                              │■規制関係  │
                              └──────────┘
```

受入可能なリスクであるという信念を強化した。

　第3に職場の構造的機密性（structural secrecy）である。これは，現場の活動に関する知識とその理解を妨げる組織構造と規制関係を指しており，現場の状況定義を外部の人間が変化させることを困難にする。組織が拡大するにつれ，他の部署の行動を観察することは困難になる。専門化した知識に基づく意思決定は，外部の人間が理解することを妨げる。NASAにはスペースシャトルの技術的問題に関して閉鎖的にならないようなリスクアセスメントが行われる委員会が存在したが，現実には，スペースシャトルは6千万個の部品から形成されるために，委員会のメンバーは全ての部品の現状について把握しているわけではなかった。大量の情報によって，問題の所在が不明確になり，結果的に現場の技術者に全て依存することになった。

　第1の文化の形成は，技術的逸脱の標準化のミクロレベルの要因であり，第2の製造の文化，第3の構造的機密性はマクロレベルの要因である。これらの要因の関係を図表3-17に示す。

（3）技術的逸脱の標準化の防止策

　Vaughan（1996）では，明確に防止策を提示しているわけではない。む

しろ，過ちの不可避性を強調している。ただし Vaughan（1998）において，抑止戦略（deterrence strategy）とコンプライアンス戦略（compliance strategy）を提示し，コンプライアンス戦略が望ましいと主張している。抑止戦略では，違反が発生した後に罰を課すことになる。敵対的であり，発見して調査し起訴して違反者を罰することによって抑止効果がもたらされる。他方，コンプライアンス戦略では，規則の遵守を目的に，組織に対してモニタリング，交渉，介入を行うことになる（Vaughan, 1990）。コンプライアンス戦略を用いることによって，リスクのある技術を用いている組織における構造的機密性と生産のプレッシャーの軽減に取り組むことが可能になると主張している[40]。

3．技術的逸脱の標準化の特徴

最後に，技術的逸脱の標準化によって企業事故を分析する際の特徴を3点指摘する。

第1に，技術的逸脱の標準化の分析対象は，基本的に組織であることが指摘できる。特に，組織の長期的・日常的な活動に注目している[41]。

第2に，利益優先主義という観点からの批判に疑念を呈した点である。Vaughan（1996）では，従来の先行研究においては，企業事故を引き起こした組織は，非倫理的で利益追求型の組織として描かれていることを指摘している（Vaughan, 1996, p.35）。本研究はこのような従来の解釈とは異なる視点をもち，「なぜ，NASA は設計に欠陥があることを知りながら，チャレンジャー号の打ち上げを続けたのか」「なぜ，NASA は打ち上げ前夜の技術者の反対にもかかわらず，チャレンジャー号を打ち上げたのか」という当事者の視点に立った分析を試みている。

---

[40] 杉原（2007）において，Vaughan（1998）の提示するコンプライアンス戦略の検討が行われている。

[41] 第4章で検討するが，従来の企業事故研究では，事故を引き起こした企業をレアケースとしてとらえ，企業事故現象に内在する特殊要因に原因を帰属してきた。

第3に，事故防止策としては，コンプライアンス戦略という，比較的シンプルな防止策を提示している。ただ，基本的には，企業事故の発生メカニズムに焦点が当てられており，防止策に関しては，あまり議論が展開されてはいない。

Ⅷ．小括

本章では，6つの分野における企業事故の先行研究の概観を行った。事故を引き起こした企業に対して，それぞれの先行研究の含意を踏まえた原因の分析，事故防止策の提言を行うとすれば，以下のようになる（図表3-18）。

まず，ヒューマンエラー研究においては，事故を引き起こした個人に注目し企業事故を分析する。そして，企業事故の原因として，ヒューマンエラーそのものではなく，ヒューマンエラーの拡大を指摘する。さらに，企業事故防止策として，スイスチーズモデルを前提とした多層防護システムを提言する。要約すれば，事故を引き起こした企業に対して，「人間はミスをすることを考慮せよ」と指摘しているといえよう。

次に，集団思考研究は，愚かな意思決定を行った集団に注目し，集団思考の分析枠組みをもとに企業事故を分析する。そして，企業事故の原因として，集団思考に伴う意思決定のバイアスを指摘する。つまり，企業事故を意思決定の失敗としてとらえていることになる。さらに，有効な意思決定を行うために，意思決定プロセスの改善を提言する。要約すれば，事故を引き起こした企業に対して，「意思決定のバイアスに注意せよ」と指摘しているといえよう。

リスクマネジメント研究は，事故を引き起こした企業に注目し，リスクマネジメントサイクルを分析枠組みとして企業事故を分析する。そして，企業事故の原因として，リスクに適切に対処することに失敗したという，リスク管理の失敗を指摘する。リスクの存在に気付いていなかったため，ないしは，リスクを過小評価していたため，事故が引き起こされたという主張である。

図表3-18　企業事故の先行研究の概要

	心理学分野		経営学分野			社会学分野
	ヒューマンエラー研究	集団思考研究	リスクマネジメント研究	高信頼性組織研究	企業倫理研究	技術的逸脱の標準化
分析対象	個人	集団	企業全体	組織	企業全体	組織
分析枠組み・注目する現象	SHELモデル，スイスチーズモデル	集団意思決定モデル	リスクマネジメントサイクル	組織文化	ステイクホルダーモデル	逸脱過程
企業事故の原因	ヒューマンエラーの拡大	意思決定のバイアス	リスク管理の失敗	マインドの欠如	倫理の欠如	逸脱の標準化
提示される企業事故防止策	多層防護システムの構築	意思決定プロセスの改善	リスクマネジメントシステムの構築	安全文化の構築	コンプライアンスマネジメント	コンプライアンス戦略，抑止戦略
事故に対するコメント	人間はミスをすることを考慮せよ	意思決定のバイアスに注意せよ	潜在的なリスクを分析せよ	安全意識を高めることが必要である	利益を重視しすぎないように	逸脱は徐々に当然視されてしまう
キーワード	スリップ，ラプス，ミステイク	凝集性	リスクアセスメント，リスクコントロール	マインド	ステイクホルダー，コンプライアンス	リスク受容性，逸脱
主要文献	リーズン(1999)，大山・丸山編(2004)	Janis(1982)	ミトロフ(2001)，亀井(2008)	ワイク・サトクリフ(2002)	ミッチェル(2005)，ドリスコル・ホフマン(2001)	Vaughan(1996)

　さらに，企業事故防止策として，リスクマネジメントシステムの構築を提言する。要約すれば，事故を引き起こした企業に対して，「潜在的なリスクを分析せよ」と指摘しているといえよう。

　高信頼性組織研究は，「企業事故を引き起こしていない組織」に注目し，

組織文化の視点から分析を行う。そして，企業事故の原因として，マインドの欠如を指摘する。これは，企業事故を引き起こしていない企業にマインドの高さが維持されていることを根拠にしている。さらに，企業事故防止策として，安全文化の構築を提言する。要約すれば，事故を引き起こした企業に対して，「安全意識を高めることが必要」と指摘しているといえよう。

　企業倫理研究は，事故を引き起こした企業に注目し，ステイクホルダーモデルを分析枠組みとして企業事故を分析する。そして，企業事故の原因として，倫理の欠如を指摘する。さらに，企業事故防止策として，ステイクホルダーに配慮した経営を行うために，コンプライアンスマネジメントの実施を提言する。要約すれば，事故を引き起こした企業に対して，「利益を重視しすぎないように」と指摘しているといえよう。

　技術的逸脱の標準化は，事故を引き起こした組織に注目し，組織の逸脱過程の視点から企業事故を分析する。そして，企業事故の原因として，逸脱の標準化を指摘する。さらに，企業事故防止策として，特にコンプライアンス戦略を提言する。要約すれば，事故を引き起こした企業に対して，「逸脱は徐々に当然視されてしまう」と指摘しているといえよう。

第4章

本研究のアプローチ

Ⅰ．先行研究の構図

　先行研究の全体を鳥瞰すると，その焦点を当てる対象によって，大きく2つに分けることができる（図表4-1）。第1に，企業事故が発生した現場に焦点を当てた研究である。具体的には，ヒューマンエラー研究，集団思考研究，技術的逸脱の標準化がそれにあたる。ヒューマンエラー研究は，現場で発生するエラーに注目する。集団思考研究は，現場で発生する意思決定の失敗として企業事故をとらえる。技術的逸脱の標準化では，現場におけるリスク受容の拡大を企業事故の原因として位置付ける。

　第2に，現場の背後に存在し，現場に様々な影響を与える組織に焦点を当てた研究である。具体的には，リスクマネジメント研究，高信頼性組織研究，企業倫理研究である。リスクマネジメント研究では，リスクマネジメントシステムの不備に注目する。高信頼性組織研究では，安全文化の欠如の結果として企業事故が発生したととらえる。企業倫理研究では利益優先主義を企業事故の原因としてとらえる。

　さて，先行研究をこのように分類することにより，以下の2点が明らかになる。

　第1に，この2つの関係性は，図表4-1の左側の矢印で表現されるように，組織の文化や体制が現場に影響を与えるという構図としてとらえること

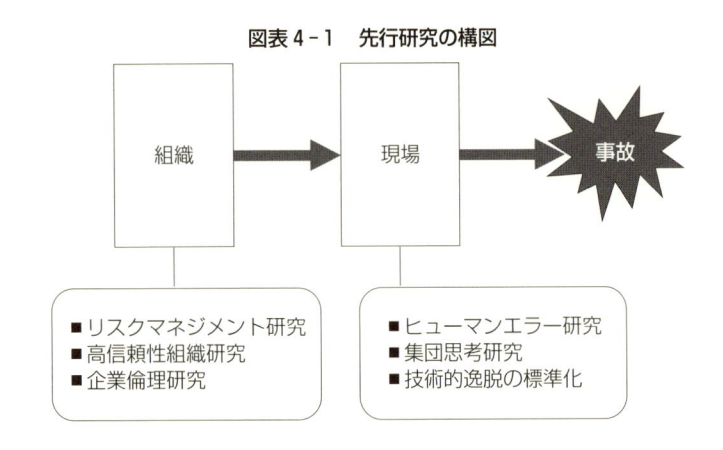

図表 4-1　先行研究の構図

```
[組織] → [現場] → 事故
```

- ■ リスクマネジメント研究
- ■ 高信頼性組織研究
- ■ 企業倫理研究

- ■ ヒューマンエラー研究
- ■ 集団思考研究
- ■ 技術的逸脱の標準化

ができる。企業事故を物理的に説明すれば，必ず事故のきっかけとなった現場が存在する。ヒューマンエラー研究，集団思考研究，技術的逸脱の標準化は，その現場に注目している。他方，事故を引き起こした組織をシステムとしてとらえれば，現場はサブシステムととらえることができる。リスクマネジメント研究，高信頼性組織研究，企業倫理研究では事故を引き起こした現場に様々な影響をもたらす背景として，組織の文化・体制に注目する。そして，組織の文化としては安全文化を，組織の体制としてはリスクマネジメントシステムを主張する。

　組織文化・体制という組織的な背景は，事故を引き起こした直接の原因ではない。しかし，この背景を改善していくことで，企業事故は防止できるという信念が存在する。実際に，ヒューマンエラー研究，集団思考研究，技術的逸脱の標準化という現場に焦点を当てた研究においても，企業事故の防止を論じる際には，組織文化・体制に関する提言がなされている[1]。つまり，組織文化・体制の改善によって，現場で発生する事故は防止できるという因果関係を想定しているのである。

---

1) 例えば，ヒューマンエラー研究の代表的研究者であるリーズンは，リーズン（1999）において安全文化について論じている。また，集団思考研究においても，技術的逸脱の標準化においても，文化に関する議論が展開されている。

第4章　本研究のアプローチ

　第2に，組織に注目しているリスクマネジメント研究，高信頼性組織研究，企業倫理研究は，全て経営学系の企業事故研究であることである。つまり，経営学系の企業事故研究は，主に組織文化や体制に注目しているともいえる。

　この理由としては，経営学系の企業事故研究がマネジメントの視点に立ち，主に企業事故防止策を提言することを目的としていることによる。すなわち組織文化・体制を改善していくことにより事故が防止できるという前述の前提に基づき，その文化と体制をどのように構築するのかを議論しているといえよう。そのため，ヒューマンエラー研究や集団思考研究，技術的逸脱の標準化のような現場に注目した研究から得られた含意を組織文化や体制に反映していくことが，経営学系の企業事故研究の課題であったといえよう。

Ⅱ．先行研究の批判的検討

1．先行研究の問題点

　第Ⅰ節で示した先行研究の構図にしたがえば，組織の文化としては安全文化，組織の体制としてはリスクマネジメントシステムの構築が事故の防止につながるという主張が導出される。しかしながら，この先行研究の主張には，「防止策の抽象性」，「行為の意図せざる結果の捨象」，「企業目的との関連の軽視」の3つの問題が存在する。

（1）防止策の抽象性

　第1の問題点は，防止策の抽象性である。安全文化とリスクマネジメントシステムの構築は，組織全体に対する提言であり，また両者とも多様な概念を含んでいる。この概念の多義性により，循環論法のような説明がなされる恐れがある。

　安全文化を例に考えてみよう[2]。安全文化の欠如によって企業事故が発生するという構図は理解しやすい。そして，反駁困難である。しかし，その際

2）　リスクマネジメントシステムに関しても同様の批判が成立する。

に，安全文化を「事故を引き起こさない組織文化」としてとらえ，事故の原因を「安全文化の欠如」としてしまう可能性が高い。例えば，リーズン（1999）では，安全文化という概念の嚆矢として，国際原子力機関（IAEA）の「安全にかかわる諸問題に対して最優先で臨み，その重要性に応じた注意や気配りを払うという組織や関係者個人の態度や特性の集合体」という定義を示している。この定義は，「安全文化とは安全を意識し，事故を引き起こさないような組織文化である」というように解釈可能であり，「企業事故の原因は安全文化の欠如である」という言明とあわせて，循環論法に陥ることになる。

　もちろん，リーズン（1999）においても，この定義は理想を述べたものであると述べており，この定義を示した後，安全文化の具体的内容を検討している[3]。しかしながら，安全文化の内容は非常に包括的なものになっており，企業事故の事例分析から帰納的に導出されたというより，安全文化という先験的な概念と企業事故の事例分析をつなぎ合わせている印象が強い。多くの事故を包括的に説明できるということは，裏を返せば説明になっていないともいえ，また事故を引き起こしていない企業にも安全文化の欠如が存在する可能性があるということである[4]。

　このような可能性を排除するために考えられる1つの対応策として，安全文化の具体的な内容と企業事故との因果関係を厳密に検証することがあげられる[5]。例えば，図表4-2のようなマトリクスを想定してみよう。多くの研究ではAのセルに分類される事例の分析に基づき，安全文化を事故防止策として提示している[6]。しかしながら，B，C，Dのセルに分類される事

---

[3] 具体的には，①報告する文化，②正義の文化，③柔軟な文化，④学習する文化である（リーズン，1999, pp.271-314）。

[4] 後述するが，実際に企業事故研究の多くでは，事故を引き起こしていない企業の中に，事故を引き起こす可能性をもっている企業が存在するととらえている。

[5] 本書の批判的検討は，上田（1997, pp.161-163）の集団思考の批判的検討の論理構造を参考にしている。

[6] 高信頼性組織研究ではDのセルの事例に基づき安全文化を検討している。その点では，高信頼性組織研究は手法としては他の研究とは一線を画している。

第4章　本研究のアプローチ

図表4-2　企業事故と安全文化の関係の類型

		安全文化（説明変数）	
		欠如	存在
企業事故 （被説明変数）	発生	A	C
	発生せず	B	D

例を無視する事はできない。各セルに分類される事例の数をそれぞれa，b，c，dとした場合，a/bがc/dに比べて大きい事を確認しない限り安全文化の欠如が企業事故の原因だといえないはずであるが，企業事故を引き起こした企業は結果として安全文化をもっていなかったとして後付けされてしまいがちである。このように，安全文化はマジックワード[7]のように用いられてしまう可能性が存在する。

ただし，このマトリクスを厳密に検証しても，企業事故防止には役立たないであろう。なぜなら，企業事故が発生していない企業の中にも，潜在的に事故を引き起こす可能性をもつ企業が存在していることが先行研究の中で想定されているからである。例えば，ヒューマンエラー研究のスイスチーズモデルでは，企業事故は潜在的な危険が潜在的原因や即発的エラーの穴をくぐり抜けて発生するととらえられる。また，ハインリッヒの法則では，1件の企業事故の背後にある多くのヒヤリハット体験の存在を指摘している。

このように，先行研究では，潜在的に事故を引き起こす可能性をもった企業が存在し，その中で特定の企業が事故を引き起こすととらえられている（図表4-3）。つまり，事故自体は発生／未発生という非連続的な対立概念であるのに対して，ある企業が危険か安全かは明確な境界線をもたない非連続的な概念であるため，危険な企業＝事故を引き起こす，安全な企業＝事故を引き起こさないという直接的な対応関係にはないのである。

このような考え方は，企業事故防止策の実践に際して困難をもたらす。現

---

[7] 定義が曖昧で，幅広い意味をもち，使用している文脈で意図通りに用いることのできる概念を指す。

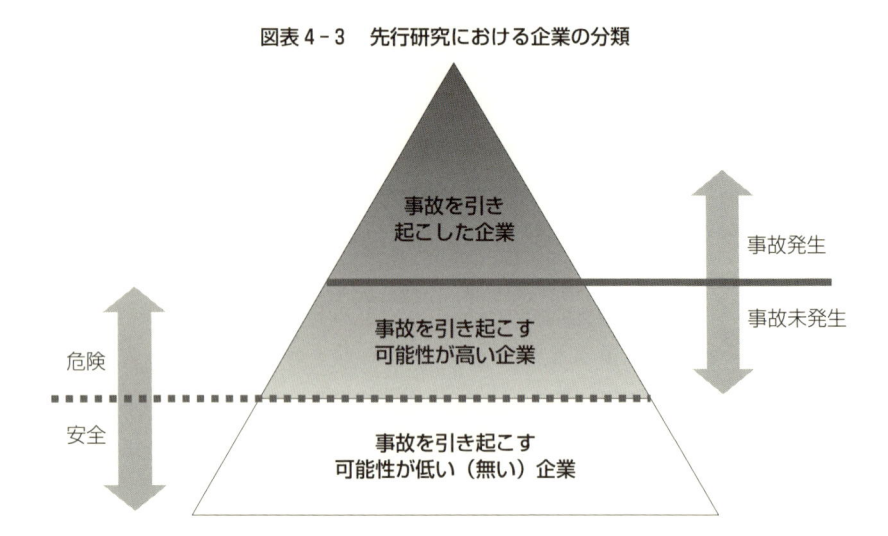

図表4-3　先行研究における企業の分類

```
                    事故を引き
                    起こした企業
                                                    事故発生
        ─────────────────────────────
 危険            事故を引き起こす                    事故未発生
                可能性が高い企業
 ‥‥‥‥‥‥‥‥‥‥‥‥‥‥‥‥‥‥‥‥‥‥‥
 安全          事故を引き起こす
              可能性が低い（無い）企業
```

在の状況を確認することは困難であり，安全文化やリスクマネジメントシステムを構築し，実際に事故を引き起こしていなくても十分とはいえない。現状で事故が発生していなくとも，実は潜在的に危険な状況に陥っており，明日にでも企業事故を引き起こすかもしれないのである。また，事故が長期にわたって引き起こされていなくても，それが安全文化やリスクマネジメントシステムが十分に機能しているためではなく，たまたま事故が現在まで起きていないだけかもしれないのである。

　同様のことは，現場に焦点を当てた理論においても当てはまる。集団思考，技術的逸脱の標準化は非常に興味深い概念であるが，現実に，これらの現象に陥ることを防止しようと考えた場合，集団思考に陥っている程度，技術的逸脱の標準化に陥っている程度を確認しなければならない。しかしながら，上述したように，この確認作業は困難である。

（2）行為の意図せざる結果の捨象

　第2の問題点は，行為の意図せざる結果の捨象である。再び安全文化を例にあげるが，安全文化の根底には，安全性を強く意識すれば事故が防げるという主張が存在している。しかし，「意図せざる結果」である企業事故とい

う現象を，意図した行為によって防ぐためには，それ以前の全ての「意図せざる結果」を理解する必要がある。しかし，上述したように，どこまで理解すれば良いのかの確認は現実的には不可能なため，安全性を意識していれば事故は引き起こされないという発想に収斂してしまう可能性が高い。

また，たとえこれまでに起きた意図せざる結果の全てを理解したとしても，新たに生じる意図せざる結果を防ぐことはできない。必要なことは，意図せざる結果の発生メカニズムを分析し，その発生メカニズムそのものを理解することである。

(3) 企業目的との関連の軽視

第3の問題点は，企業目的との関連の軽視である。従来の先行研究で指摘されている企業事故防止策は，事故が引き起こされないことに焦点を当ててきた。そのため，先行研究における事故防止策の提言としては，企業事故が引き起こされることのない，ある種の理念型の組織を提示している。しかし，企業は，事故を引き起こさないことを主たる目的としているわけではない。典型的な企業目的としては，利潤を獲得すること，イノベーションを引き起こすこと，財やサービスを効率的に生産することなどがあげられる。

このような企業目的を達成するための企業活動の中で，事故を引き起こさないことが企業に対して求められるのである。したがって，事故を引き起こさないことは，企業目的ではなく企業目的にとって「制約」としてとらえることができる。つまり，事故が引き起こされないとの合理的な判断が可能であれば，それ以上の安全性を目指す必然性は存在しない。しかしながら，現在の自社の位置付けが図表4－3のどこに位置付けられるのかが明確ではないため，企業目的と安全性との間にコンフリクトが発生することになる。

さらに，企業目的は，企業事故という「意図せざる結果」の「意図」を考察する上で，非常に重要な要因となる。極端にいえば，安全を何よりも重要な項目として位置付けるのであれば，「行動しない」という選択肢も考えられるのである。したがって，企業事故の防止を考える上で，企業事故と企

目的との関連性を考察する必要がある[8]。

（4）まとめ

強調しておくが，本書は，安全文化やリスクマネジメントシステムを普及させること自体を否定しているわけではない。現実に，安全文化やリスクマネジメントシステムを構築することが事故防止に貢献するという主張には筆者も賛同する。

筆者が主張したい点は，企業事故の原因が，安全文化やリスクマネジメントシステムに収斂されてしまうことは，様々な企業事故を類型化することを妨げ，「意図せざる結果」という企業事故の重要な特徴を覆い隠す可能性がある点である。換言すれば，筆者は，企業事故という現象に対して，安全文化，リスクマネジメントの構築という「一般理論」と，個別事例研究から帰納的に導かれる「個別理論」という関係を想定している。その上で，「中範囲理論」を充実させる必要があると主張しているのである。

また，実践の観点からも，企業事故の事例分析から一足飛びに安全文化やリスクマネジメントシステムを議論することは，安全文化・リスクマネジメントシステムという言葉が一人歩きし，マジックワード化する恐れがあることを重ねて強調しておきたい。

2．先行研究の問題点の原因

では，上記の問題点の原因を詳細に検討してみよう。先行研究のアプローチ上の問題点として，以下の2点を指摘することができる。

まず1点目は，回顧的アプローチ（レトロスペクティブアプローチ）の採用である。

これは，事故を引き起こしたことを前提に，企業事故という現象を回顧的

---

[8] 経営学視点から企業事故の検討を行う意義はこの点にあると筆者は考える。また，本書では組織事故（organizational accident）ではなく企業事故（corporate accident）を用いているが，これは，資本主義社会の主要なアクターである企業が引き起こす事故であることを強調し，その企業の特性を視野に入れた研究を目的としているからである。

第4章　本研究のアプローチ

図表4-4　回顧的アプローチの構図

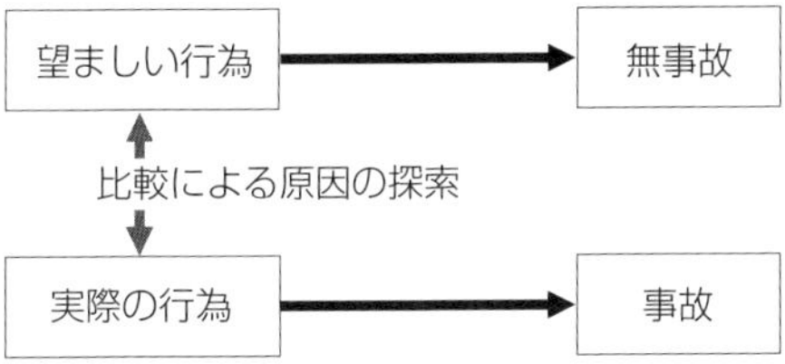

```
┌──────────┐         ┌──────────┐
│ 望ましい行為 │ ──────→ │   無事故   │
└──────────┘         └──────────┘
     ↕
  比較による原因の探索
     ↕
┌──────────┐         ┌──────────┐
│  実際の行為  │ ──────→ │    事故   │
└──────────┘         └──────────┘
```

に分析していることである。この回顧的アプローチによって企業事故を分析することにより，ハインドサイトバイアス（hindsight bias：後知恵バイアス）が発生する。

ハインドサイトバイアスとは，「発生結果の知識がその結果の発生に対する予知能力を過大評価させること」である[9]。デッカー（2009）は，企業事故に関するハインドサイトバイアスとして以下の5点を指摘している。第1に，因果関係の簡略化，第2に，結果の見込みの過大評価，第3に，規則や手続きに対する違反の過大評価，第4に，当事者に与えられた情報のその時点での重要性，関連性の誤判断，第5に，結果が悪ければその原因となった行動も悪いものだと判断することである。

つまり，企業事故が発生したことを前提に，その発生状況を回顧的に分析する際には，「本来あってはならない要因があったに違いない」，もしくは，「必ずこの事故は防げたはずだ」という，発生原因は事前に容易に発見できたという前提に基づき，その問題点を探索することになる。

このような，企業事故の回顧的アプローチによる分析では，主として，事故を引き起こしていない状態との比較分析が暗黙的に採用される。事故を引き起こしておらず意図した結果がもたらされたであろう望ましい行為を想定し，その望ましい行為と実際の行為との比較から事故の発生原因が探索され

---

9) ハインドサイトバイアスの詳細については，ベイザーマン・ムーア（2011），上田（1997）を参照。なお，Janis（1982, p.194）もドストエフスキーの『罪と罰』から，"everything seems stupid when it fails"（失敗すれば，なんでも愚劣に見えるのさ！）というセリフを引用し，ハインドサイトバイアスについて言及している。

ることになる（図表4-4）。

　また，これに関連するもう1つのバイアスとしてハロー効果[10]を指摘することができる。ローゼンツワイグ（2008）では，企業が成功する理由をみつけ出すことが非常に困難であることに注目し，なぜ企業業績の成功要因を分析することが困難なのかに関して，研究者が分析の際に囚われがちな9つの妄想を指摘している[11]。その中で最も重要な妄想はハロー効果である。成功要因の分析におけるハロー効果とは，企業のパフォーマンスを知ってから，それをもとに，企業の文化・リーダーシップ・価値観などを評価する傾向のことを指す。すなわち，企業パフォーマンスを決定する要因だと考えられている多くの要因は，実は業績を知ってから，後付けで理由を帰した特徴に過ぎないと指摘している（ローゼンツワイグ，2008，p.108）。

　企業事故の場合には，事故を引き起こしたことを知ってから，その事実をもとに，企業の文化・体制，さらには経営者のリーダーシップなどを評価する傾向が存在することになる[12]。

　そして，2点目は，組織⇒現場⇒作業という因果連鎖を想定していることである。

---

10) ハロー効果とは，全体の印象から個々の特徴を判断する傾向であり，認知的不協和を解消するために，一貫したイメージを創り上げようとする心理的傾向である（ローゼンツワイグ，2008，p.91）。

11) ローゼンツワイグ（2008）が指摘した妄想は以下の9つである。①ハロー効果，②相関関係と因果関係の混同（2つの要因に相関関係があっても，どちらが原因でどちらが結果であるかはわからない），③理由は1つ（多くの分析では，企業パフォーマンスをただ1つの要因で説明しようとし，他の要因には目を向けない），④成功例だけを取り上げる（成功企業のみをサンプルとして選択し，業績の低い企業との相違点を検討しない），⑤徹底的な調査（ハロー効果の含まれたデータを徹底的に集めれば真実に迫れると考えてしまう），⑥永続する成功（高業績の企業も時が経てばほぼ例外なく業績が低下するという事実から目を背けてしまう），⑦絶対的な業績（企業の業績は他の企業との相対的な比較によって決まることを無視してしまう），⑧解釈の間違い（成功した企業の要因をまねれば必ず成功するわけではない），⑨組織の物理的法則（自然科学のような正確さで業績を予測することは不可能である）。なお，④成功例だけを取り上げる，については企業事故の分析にも当てはまる妄想であり，本節で検討している。

12) ハロー効果とは逆に，全体的に劣っている印象から個々の特徴を低く評価する現象をデビル効果と呼ぶ。

第 4 章　本研究のアプローチ

　組織を表す変数である文化や体制が存在し，その組織文化や組織体制が，事故が発生した現場に影響を与える。事故が発生した現場には，集団や個人が存在し，その集団や個人が作業を行う。そして，その作業が事故を引き起こす。先行研究では，このようにマクロからミクロへの連鎖を想定している。一方で，事故を回顧的に分析する際には，ミクロからマクロへと事故が引き起こされた作業が特定され検討される。つまり，まず，事故を引き起こした作業が特定され，次に，その作業を行った現場の個人や集団が特定され，原因が分析される。その後に，その個人や集団を取り巻く組織が特定され，原因が分析されることになる。

　このように因果連鎖を想定することは，ヒューマンエラー研究で強調された，人がエラーを犯すことは避けられないことや，エラーは結果であり原因ではないことという前提に基づくものであろう。つまり，現場で実際に事故を引き起こした個人・集団や作業に原因を帰属させるのではなく，広範に原因を追及するという姿勢である。中西（2007）によれば，企業事故研究の焦点は，単純な技術的要因や個人的要因から，複合的な要素が組み合わさった組織的要因へと移りつつある。西本（2006）では，この焦点の移行は，第1に，事故についてより構造的かつ根源的な要因へと分析が進展していること，第2に，分析対象がみえやすく調査しやすいものからみえにくく調査しがたいものへと進展し，調査範囲を拡大してきたことを意味すると指摘している。

　さて，上記2点のアプローチ上の特徴を前提として先行研究の構図をもう一度整理してみよう。組織 ⇒ 現場 ⇒ 作業という因果連鎖を想定して，回顧的アプローチを採用すると，企業事故の発生メカニズムは，以下のような構図に基づいて解釈されることになる。

　まず，事故が発生したということは，事故が引き起こされていない理想状態から比較すれば，必ず何らかの「作業の不備」が存在することになる。そして，その不備が存在していた作業は，マニュアルなどの社内で事前に規定されている手続きと比較される。もし，マニュアルに記載されている手続きと異なった手続きによって作業がなされていた場合，作業の不備は手続き遵

守の不徹底によって引き起こされたことになる。他方，マニュアルに記載されている手続きにしたがって作業がなされていた場合，マニュアルの手続き自体に不備が存在していることになる。つまり，「作業の不備」は，必ず手続き遵守の不徹底か手続き自体の不備という，どちらかの状態に分類されることになる[13]。

このうち手続き遵守の不徹底は，当事者が意識して手続きを守らなかった場合と，意識せずに手続きを守らなかった場合に分けることができる。前者はモラルが欠落していたと解釈されるであろうし，後者は注意力が不足していたと解釈することができる[14]。また，手続き自体に不備が存在する場合は，そもそも手続きを構想する際に，事故を引き起こす可能性について検討することができなかったことになる。これは，知識が欠落していたと解釈することができる[15]。つまり，手続き遵守の不徹底は，必ずモラル欠落か注意力欠落というどちらかの解釈によって説明することができ，手続き自体の不備は必然的に現場において知識が欠落していたという解釈によって説明することが可能になるのである。

そして，このモラル欠落，注意力欠落，知識欠落という現象は，すべて現場で起きるものであり，「現場における安全意識の欠落」としてまとめることが可能であろう。そして，この現場における安全意識の欠落の原因となる組織的要因は，「組織の不備」としてまとめられ，これは大きく2つの不備に分類することができる。第1に，組織文化（風土）の不備である[16]。この

---

13) 厳密にいえば，手続きに不備が存在し，かつ，手続き遵守も行われていなかったという状況も想定できる。ただ，ここで強調したいのは，この2つの解釈を想定すれば，どのような事故でも説明できることであるため，特に考察は行わない。
14) ヒューマンエラー研究でいうスリップまたはラプスに対応する。
15) ヒューマンエラー研究におけるミステイクに対応する。
16) 経営学や心理学の分野では，組織のメンバーが組織をどのようにみているかを「組織風土」，組織における価値や信念をどのように共有しているかを「組織文化」と区別して定義する場合がある（鎌田，2003；岡本・今野，2006；田尾，1999）。本書では，「組織文化」も「組織風土」も，ともに組織内でのメンバーの価値観や行動，慣行などを表したものとし，両者を区別せずに扱う。

第4章　本研究のアプローチ

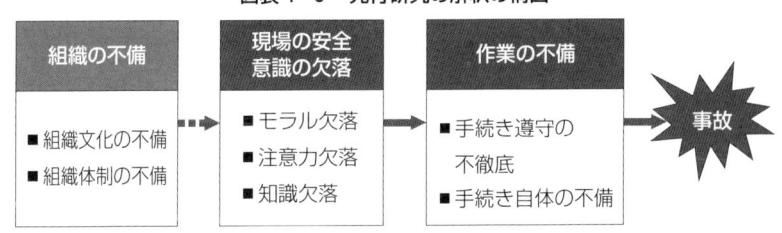

図表4-5　先行研究の解釈の構図

| 組織の不備 | → | 現場の安全意識の欠落 | → | 作業の不備 | → | 事故 |

- 組織の不備
  - ■ 組織文化の不備
  - ■ 組織体制の不備
- 現場の安全意識の欠落
  - ■ モラル欠落
  - ■ 注意力欠落
  - ■ 知識欠落
- 作業の不備
  - ■ 手続き遵守の不徹底
  - ■ 手続き自体の不備

場合，安全文化を構築することが企業事故防止策として提言される。第2に，組織体制の不備である。この場合，リスクマネジメントシステムの構築が企業事故防止策として提言される。

この解釈作業を，先行研究の位置付けとともに図示したものが図表4-5である。図表4-5に示す「作業の不備」を構成する項目である「手続き遵守の不徹底」「手続き自体の不備」と，「現場の安全意識の欠落」を構成する項目である「モラル欠落」「注意力欠落」「知識欠落」は，それぞれ論理的に対応している[17]。したがって，企業事故を「何かが欠落していることによって発生した」という前提からとらえれば，どのような事故であっても現場の安全意識の欠落を原因としてとらえることが可能であることが理解できるだろう。

他方，組織の不備は，現場の安全意識の欠落から論理的に導出される要因ではない。そのため，図表4-5では，グレーで表現した。ただ，組織⇒現場という因果関係の連鎖を前提とすれば，現場の安全意識の欠落をもたらす組織の要因として，組織文化と組織体制を提示することができる。したがって，どのような事故であっても，組織文化の不備と組織体制の不備を指摘すれば，ある程度の説得力をもって事故の発生原因を説明することが可能となる。

---

17)「現場の安全意識の欠落」と「作業の不備」を構成する項目は，それぞれ MECE（Mutually Exclusive and Collectively Exhaustive：モレなくダブリなく）の関係にあるといえる。MECE については，グロービス・マネジメント・インスティテュート（2005）を参照。

実際の事故は，個別具体的な行為によって事故が引き起こされる。しかし，図表4-5の構図を眺めると，経営学系の先行研究では，現場の具体的作業や技術が捨象され，現場の安全意識の欠落やその背後に存在する組織の不備に対してのみ注目されていることが明らかになる。このように，実際の個別具体的な現場の行為と遊離した組織の状態が規範的に概念化されているため，現場の安全意識の欠落を説明するためには，その背後に存在する組織の不備に帰属させる以外，方法は無くなってしまうともいえよう。

　ここまでの議論を要約すれば，以下の通りである。図表4-1に示したように，企業事故研究は，一見すると，現場に注目した先行研究と，組織に注目した先行研究が存在し，両者の間には整合性があるようにみえる。すなわち，現場に注目したヒューマンエラー研究，集団思考研究，技術的逸脱の標準化が企業事故発生の原因を探求する。他方，組織に注目したリスクマネジメント研究，高信頼性組織研究，企業倫理研究が，企業事故防止策の提言を行う。このように現場と組織に注目した研究間で相互補完関係が想定できるようにみえる。

　しかし，組織に注目した先行研究は，必ずしも現場に注目した先行研究と論理的に関連があるわけではない。なぜならば，組織に注目した先行研究は，事故を引き起こさない理念的な組織を想定し，そこから演繹的に概念化された組織文化や体制を議論しており，現場に注目した先行研究から論理的に導出された企業事故防止策とはいえないのである。

Ⅲ．本研究のアプローチ

　本章では，先行研究の構図と問題点，そしてその問題点の原因となる分析アプローチに関する検討を行ってきた。以下では，ここまで提示してきた問題意識に基づき，本研究のアプローチを提示する。

　本研究の第1の特徴は，回顧的アプローチではなく，意図せざる結果アプローチを採用することである。行為の意図せざる結果は，「当初の意図」「実

際の行為」「生じた結果」から構成される。この中で，企業事故研究において考慮しなければならない要因は，「当初の意図と行為」と「意図せざる結果」の間のギャップである[18]（図表4-6）。

先行研究の多くは，「なぜ事故が引き起こされたのか」という問いを立てて企業事故の分析を試みている。しかし，この問いは事故が引き起こされたことを前提としており，回顧的アプローチによる分析が採用されてしまう。

しかし，事故を防止するために必要な作業は，上記先行研究で行われているような傍観者の視点から当事者の行動を理想状態の行動と比較して検討することだけではなく，当事者の意図と実際の行動との関係を当事者の視点で読み解くことも必要である。当事者は事故が発生することを知らない。そして，我々も明日事故が発生することを知らないのである（図表4-7）。

当事者の視点をとるためには，問いを設定し直す必要がある。具体的には，問いを「なぜ，事故が引き起こされたのか」ではなく，「なぜ，当事者が安

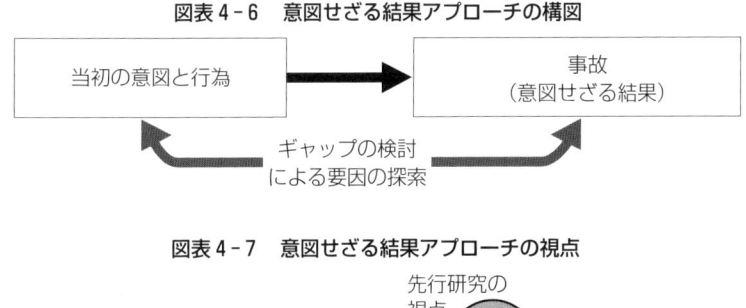

図表4-6　意図せざる結果アプローチの構図

当初の意図と行為 → 事故（意図せざる結果）
← ギャップの検討による要因の探索

図表4-7　意図せざる結果アプローチの視点

本研究の視点：当事者
先行研究の視点：傍観者
事故
時間軸
事前的　事後的

---

18) 本書の分析は，事故を引き起こす当事者，つまり，現場の意図に注目しており，経営層のもつ意図は分析対象としてはいない。

図表 4-8　本研究のアプローチとアフォーダンスとの比較

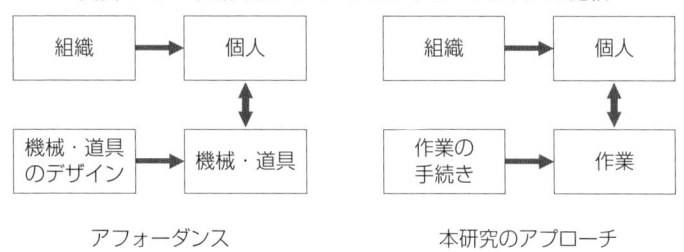

```
   組織  →  個人              組織  →  個人
             ↕                          ↕
 機械・道具     機械・道具        作業の      作業
 のデザイン  →              →  手続き  →
   アフォーダンス              本研究のアプローチ
```

全だと考えたのか」に変更する必要がある。この問いに基づく分析は，回顧的アプローチをとった場合とは異なり，理想状態との比較にはならない。

　なお，先行研究において，このような問題意識をもっていたものとしては Vaughan（1996）をあげることができる。Vaughan（1996）では，スペースシャトル・チャレンジャー号の事故の分析を試みる際に，打上スケジュールへの固執と経営上の判断ミスという従来の解釈に疑問をもち，「なぜ，NASA は設計に欠陥があることを知りながら，チャレンジャー号の打ち上げを続けたのか」「なぜ，NASA は打上前夜の技術者の反対にもかかわらず，チャレンジャー号を打ち上げたのか」という問いを立てている。この問いは，当事者が事故を想定していないことを前提とした問いであり，当事者の当時の視点に立ち，意図を読み解くことを目的としている。

　本研究の第 2 の特徴は，組織 ⇒ 現場 ⇒ 作業という因果関係を前提としないことである。特に，事故が引き起こされた現場の状況から組織に原因を帰属させると，組織文化や組織体制の問題として解釈されることになる。本書では，事故が引き起こされた「現場」に注目し，その現場と事故を引き起こした作業との間の関係性に注目する。

　この発想に関連するものとして，ヒューマンエラー研究で議論されているアフォーダンスをあげることができる[19]。アフォーダンスでは，ヒューマンエラーの発生原因を人や組織ではなく，機械や道具のデザインに帰属させる。

19）アフォーダンスに関しては，本書の第 3 章を参照。

第4章　本研究のアプローチ

図表 4 - 9　本研究の特徴の整理

	先行研究	本研究
問題意識	なぜ事故が引き起こされたのか	なぜ当事者は安全だと考えたのか （参考：Vaughan, 1996）
分析の焦点	事故を引き起こした組織に注目	事故を引き起こした作業の手続きに注目 （参考：ノーマン, 1990）

つまり，機械を用いた作業を行う際にヒューマンエラーが発生した場合，その個人や組織に原因を求めるのではなく，機械のデザインに原因があるのではないかと考える。経営学にこの考え方を適用した場合，機械や道具に対応するものは具体的な作業であり，その作業を構成する手続きであろう。つまり，ヒューマンエラーの原因を機械や組織のデザインだけではなく，その作業をデザインしている手続きに問題があるのではないかと考えることになる（図表 4 - 8）。

もちろん，アフォーダンスの議論においても，なぜ，ヒューマンエラーを引き起こすような機械や道具のデザインが，当該組織において採用されたのかについて，検討することは可能である。そして，安全意識の欠落や利益優先主義に原因を求めることも可能であろう。しかし，そこまで遡らなくとも，機械や道具のデザインを検討することは可能である。

以上，本研究の研究アプローチの特徴を 2 つ提示した。この特徴は図表 4 - 9 として整理できる。次章からは，いよいよ本研究の内容に入っていくが，まずは事例として取り上げる雪印乳業集団食中毒事件の概要を解説した後に，作業の手続きが現場においてどのように解釈されてきたのかに注目しながら，当事者の立場から企業事故の発生メカニズムの分析を試みる。

第5章

事例：雪印乳業集団食中毒事件

I．はじめに

　雪印乳業株式会社[1]（以下，雪印と略記する）は，2000年6月に発生した「雪印乳業集団食中毒事件」，および2002年1月に発覚した「雪印食品牛肉偽装事件[2]」という2つの大きな事件にかかわり，社会から多くの関心を集めた。報道の影響もあり，雪印はきわめて不道徳な会社であるという認識が形成され，そうした認識に基づき雪印の一連の事件が理解されるケースが多い。しかし，「雪印乳業集団食中毒事件」および「雪印食品牛肉偽装事件」は，いくつかの問題群から構成されており，それらは性格を異にする。したがって，こうした問題群を特定しておかなければ，一連の雪印の事件を理解することはできない。

　図表5-1に示すように，大きくみれば問題は4つに分けることができる。すなわち，①大樹工場[3]における汚染脱脂粉乳の製造と出荷，②大阪工場の

---

[1] 雪印乳業株式会社は2009年10月1日に，日本ミルクコミュニティ株式会社と経営統合し，共同持株会社として雪印メグミルク株式会社を設立した。その後，2011年4月1日に，雪印メグミルク株式会社が雪印乳業と日本ミルクコミュニティ株式会社を吸収合併した（雪印メグミルク株式会社ウェブサイト：http://www.meg-snow.com/corporate/history：2011年1月1日アクセス）。

[2] 雪印食品牛肉偽装事件とは，BSE（狂牛病）問題を受けて実施された国産牛肉買い取り事業を利用して，補助金を請求するために，オーストラリア産の輸入牛肉を国産牛肉と偽った事件である。

図表5-1 雪印の一連の事件の概要

```
   雪印乳業集団食中毒事件              雪印食品牛肉偽装事件
  ┌─────────────────┐         ┌─────────────────┐
  │ 00年3月      00年6月 │         │ 02年1月    02年2月 │
  │ 脱脂粉乳出荷  食中毒発生 │       │ 牛肉偽装発見  雪印食品解散 │
  │ 大樹工場汚染         │         │ 雪印食品           │
  └─────────────────┘         └─────────────────┘
   ┌───────┬───────┬───────┐      ┌───────────┐
   │大樹工場で│大阪工場│食中毒発生│      │ 牛肉の産地  │
   │の汚染脱脂│での杜撰な│時の不適切│      │ 偽装による  │
   │粉乳製造出荷│管理体制│な問題対応│      │企業倫理の欠如│
   └───────┴───────┴───────┘      └───────────┘
```

杜撰な管理体制，③食中毒発生時の不適切な問題対応，④牛肉偽装事件の際に問われた企業倫理の欠如という問題である。このうち集団食中毒事件に限っても，事件の詳細に関する多くの書物が出版され[4]，経営学にとどまらず，社会心理学，失敗学などを中心に様々な角度から分析が行われている[5]。

しかしながら，①の食中毒事故の発生原因となる，大樹工場における汚染脱脂粉乳出荷に限定すると，理系を中心とした衛生学の観点からアプローチした研究がほとんどであり[6]，経営学的観点から詳細に検討した研究は見当たらない。

本章では，雪印乳業集団食中毒事件の事例を概観した後，①の大樹工場における汚染脱脂粉乳の製造・出荷に関する事実関係と，その事実関係を理解するために必要な情報を詳細に記述する。この作業によって，これまで経営学的にはあまり注目されてこなかった事故発生原因を経営学的視点から分析することが可能になると考えられる。

なお，雪印乳業集団食中毒事件を引き起こした低脂肪乳等の製品は，大樹

---

3) 大樹工場は北海道広尾郡大樹町に立地している。
4) 例えば，産経新聞取材班（2001），北海道新聞取材班（2002），藤原（2002）。
5) 例えば，今野（2003），中尾（2005）。
6) 例えば，失敗学の観点から事例をまとめた中尾（2005）等。

第5章　事例：雪印乳業集団食中毒事件

図表5-2　食中毒事件の概要と本書の分析の対象

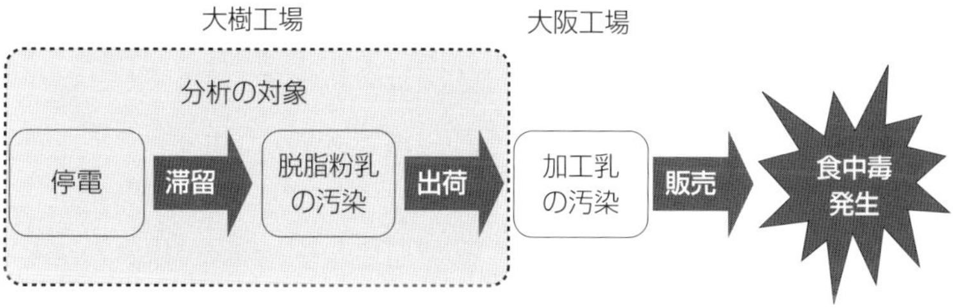

工場で生産された脱脂粉乳を原料とし，大阪工場で加工されている。つまり，この事件では大樹工場，大阪工場という2つの工場が関係している。本書では，図表5-2に示すように，主に大樹工場における汚染脱脂粉乳製造・出荷のプロセスに焦点を当てている。

まず，次節では，雪印乳業集団食中毒事件の概要を示す。次に，第3節では，一般的な脱脂粉乳製造・出荷のプロセスについて説明する。第4節では，大樹工場における汚染脱脂粉乳製造・出荷のプロセスについて記述を行う。第5節では，雪印が1955年に引き起こした八雲工場食中毒事件の概要を示す。

Ⅱ．雪印乳業集団食中毒事件の概要

雪印乳業集団食中毒事件は，2000年6月に関西地方で発生した大規模な食中毒事件である。最終的な認定患者数は13,420名にものぼり，過去にない規模の食中毒事件といわれている。本節では，まず本事件発生時の概要について簡単に整理を行う。なお，章末に，雪印乳業集団食中毒事件を時系列に整理した年表を参考資料として示す。

1．食中毒発生

2000年6月27日，和歌山県の消費者から最初の下痢や腹痛などの食中毒症状を訴える苦情が雪印の西日本支社に入った。このときには，すぐに雪印の営業担当者が現地に赴き，問題となった製品を試飲したが，特に異常を感じ

なかったため食中毒とは認識せず、通常の苦情対応処理を行った。翌6月28日にかけて、さらに複数の苦情が寄せられるが、このとき、雪印では食中毒という可能性だけでなく、乳製品に毒を入れられたのではないかという可能性も考えていた。その後、保健所からの指摘もあり、雪印も食中毒との認識をもつようになった。

そして、6月29日に雪印は大阪工場の低脂肪乳を含む大型紙容器ラインを停止し、店頭からの低脂肪乳の自主回収を開始するとともに、大阪工場製造工程の調査、全ての原材料の分析を開始した。また、同日夜に初めて正式な記者会見を実施した。

2．雪印の対応

これ以降雪印は、製造現場での杜撰な管理体制が明らかになったことや、原因究明の遅れ、記者会見での不手際、社長の不用意な発言などにより社会から強く非難されることとなる。

図表5-3　大阪工場で製造した回収命令対象品

製品名	容器
「低脂肪乳」（加工乳）	1000ml 紙容器，500ml 紙容器
「毎日骨太」（乳飲料）	1000ml 紙容器，500ml 紙容器
「カルパワー」（乳飲料）	200ml 瓶
「特濃4.2牛乳」（加工乳）	180ml 瓶
「のむヨーグルトナチュレ」（はっ酵乳）	500ml 紙容器，125ml 紙容器
「のむヨーグルト毎日骨太」（はっ酵乳）	1000ml 紙容器，500ml 紙容器
「Aのむヨーグルト」（はっ酵乳）	1000ml 紙容器
「コーヒー」（乳飲料）[注]	1000ml 紙容器，500ml 紙容器，180ml 瓶
「フルーツ」（乳飲料）	1000ml 紙容器，180ml 瓶

注：症状を訴えた消費者が存在したため、上記9製品が回収対象となったが、コーヒーとフルーツに関しては、脱脂粉乳を原料として用いていないため、食中毒は起こしていないと判断された（大阪市環境保健局，2001，p.44）。
出所：大阪市環境保健局（2001，p.43）を基に作成。

こうした動向と食中毒被害者数の拡大とが相まって，雪印乳業集団食中毒事件は社会問題化していった。この結果，小売店の店頭から雪印ブランドの商品は撤去され，雪印の売上は激減した。このとき，保健所から回収命令を受けた製品を図表5-3に示す。また，株価も急落し，事件の影響は社会の広範囲におよんだ。

3．原因究明

食中毒の原因は6月30日の和歌山市衛生研究所の発表，さらに7月2日の大阪府公衆衛生研究所の発表により，黄色ブドウ球菌が産生する毒素のエンテロトキシンであると考えられていた。

汚染源については，すでに述べたように製造工程と原材料の両面から調査が進められていたが，「低脂肪乳」等を製造した大阪工場製造ラインのバルブ内で発見された10円玉大の乳固形物から黄色ブドウ球菌が検出されたという雪印側の6月30日の発表もあり[7]，当初は大阪工場の製造ラインの汚染により黄色ブドウ球菌が増殖しエンテロトキシンが製品中に混入した可能性が高いと報道されていた。

しかし，大阪工場以外の工場で製造された製品を喫食した消費者からも被害の申し出があったことや，10円玉大の乳固形物から検出される程度の黄色ブドウ球菌数では大規模な食中毒が発生し得ないことから，大阪工場を汚染源とした場合に十分な説明がつかないため，引き続き原材料の分析が続けられていた。ただし，大阪工場で低脂肪乳製造の際に原料として使用された脱脂粉乳が磯分内工場製と誤って記録されていたことや，低脂肪乳からエンテロトキシンを検出することが困難であったことから，原材料ルートからの汚染源の特定は難航した[8]。

---

7) 後にこの発表の信憑性が疑問視された。
8) 問題となった低脂肪乳中の毒素濃度は予想以上に低く，検体中の毒素を濃縮しないと検出できなかった。また，高濃度のタンパク質や脂質，糖類を含む牛乳類から微量のタンパク毒素を効率よく選択的に抽出濃縮するのは容易ではなかった。詳しくは，浅尾（2000）を参照。

8月18日,大阪府立公衆衛生研究所は,雪印乳業大樹工場で4月10日に製造された脱脂粉乳がエンテロトキシンに汚染されていたと発表した。これにより,事件の舞台は大阪工場から大樹工場に移ることになる。

Ⅲ. 一般的な脱脂粉乳製造・出荷プロセス

大樹工場で脱脂粉乳が汚染された過程を把握するためには,まず一般的な脱脂粉乳の製造・出荷プロセスについて理解する必要がある。特に,殺菌工程と検査工程については詳細に確認しなければならない。このため,本節では,①乳製品の基本的な分類,②殺菌工程と検査工程の概要,③脱脂粉乳の製造・出荷工程の概要について説明する。

1. 乳および乳製品の概要

牛から搾取したままの乳は生乳と呼ばれる。そして,生乳を処理・加工することによって様々な製品が作られる。我が国では,いわゆる牛乳や乳製品の定義は,「乳及び乳製品の成分規格等に関する省令(以下,乳等省令と記す)」(昭和26年12月27日厚生省令第52号;最終改正平成24年3月15日)に規定されている[9](伊藤,2004)。乳等省令では,「乳」と「乳製品」という分類がなされている(図表5-4)。

「乳」とは,生乳,牛乳[10],特別牛乳[11],生山羊乳,殺菌山羊乳,生めん羊乳,成分調整牛乳,低脂肪牛乳,無脂肪牛乳,および加工乳を指す。

他方,「乳製品」とは,クリーム,バター,バターオイル,チーズ,濃縮

---

[9] 最終改正の日付は2012年3月31日時点に確認している。
[10] 「牛乳」とは直接飲用に供する目的,またはこれを原料とした食品の製造,もしくは加工の用に供する目的で販売(不特定または多数の者に対する販売以外の授与を含む)する牛の乳であり,生乳のみを原料としている。
[11] 「特別牛乳」とは,牛の健康状態に加えて,牧場施設から牛乳処理施設等までが許可の対象となるような一定の飼養・施設条件の中で搾取した牛乳であり,かつ厳しい乳質基準のもとで処理された牛乳を指す。

第5章　事例：雪印乳業集団食中毒事件

図表5-4　乳と乳製品の分類

分類	内容
乳	生乳，牛乳，特別牛乳，生山羊乳，殺菌山羊乳，生めん羊乳，成分調整牛乳，低脂肪牛乳，無脂肪牛乳，加工乳*
乳製品	クリーム，バター，バターオイル，チーズ，濃縮ホエイ，アイスクリーム類，濃縮乳，脱脂濃縮乳，無糖練乳，無糖脱脂練乳，加糖練乳，加糖脱脂練乳，全粉乳，脱脂粉乳**，クリームパウダー，ホエイパウダー，たんぱく質濃縮ホエイパウダー，バターミルクパウダー，加糖粉乳，調製粉乳，発酵乳，乳酸菌飲料*，乳飲料*

注：*脱脂粉乳を原料とする，今回食中毒を引き起こした製品。
　　**事故の原因となった原料（製品としては販売されていない）。

ホエイ，アイスクリーム類，濃縮乳，脱脂濃縮乳，無糖練乳，無糖脱脂練乳，加糖練乳，加糖脱脂練乳，全粉乳，脱脂粉乳，クリームパウダー，ホエイパウダー，たんぱく質濃縮ホエイパウダー，バターミルクパウダー，加糖粉乳，調製粉乳，発酵乳，乳酸菌飲料（無脂乳固形分3.0％以上を含むものに限る）および乳飲料を指す。

　大阪工場で回収された製品は，加工乳，乳飲料および発酵乳である。加工乳は生乳に加えて脱脂粉乳やバターなどを原料とした飲料である[12]。乳飲料はこれに加え，カルシウムやビタミン類，コーヒー，果汁など牛乳起源ではない成分を添加した飲料である。発酵乳とは，生乳を乳酸菌または酵母で発酵させたものである。

　事件の原因となった脱脂粉乳は，乳製品に分類される。脱脂粉乳とは，牛乳から大部分の乳脂肪分を分離除去して得られる無脂肪牛乳を乾燥させ粉末状にしたものであり，スキムミルクとも呼ばれる。成分規格は，乳固形分が95％以上であり，乳脂肪の規定は無い。水分は5％以下と規定されている（伊藤，2004，p.524）。脱脂粉乳は，加工乳・乳製品の原料や，食品・菓子

---

[12] 今回問題となった「低脂肪乳」は加工乳である。これとは別に「低脂肪牛乳」というものもある。「低脂肪牛乳」は生乳から乳脂肪分の一部を除去したものである。したがって，原料として脱脂粉乳などの「乳製品」は使用されない。一般に，「生乳100％」と表示されている。

図表5-5　生乳から製造される製品

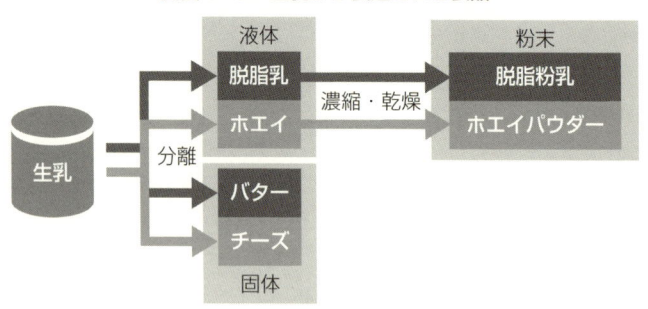

```
                    液体                      粉末
            ┌──────────────┐            ┌──────────────┐
            │   脱脂乳     │──────────→ │   脱脂粉乳   │
      分離  │   ホエイ     │ 濃縮・乾燥 │ ホエイパウダー│
  生乳 ──→ └──────────────┘            └──────────────┘
            ┌──────────────┐
            │   バター     │
            │   チーズ     │
            └──────────────┘
                    固体
```

の原料として用いられる。

バターは，生乳，牛乳または特別牛乳から得られた脂肪粒を練圧したものであるが，この際に取り除かれた液体の部分が脱脂乳（無脂肪牛乳）で，これを粉末状にしたものが脱脂粉乳である。つまり，バターの絞りかすを乾燥させたものが脱脂粉乳なのである。したがって，乳業メーカーは牛乳を生産する際に余った生乳をバターと脱脂粉乳に分けて保存していることになる。

牛乳は液体であるため輸送にコストがかかる。また，腐敗しやすいため長期保存には適していない。したがって，多くの乳業メーカーは必要な量の牛乳を出荷し，残った生乳を発酵，分離，濃縮などの技術によって乳製品に加工している。特にバターと脱脂粉乳は長期保存が可能であり，乳製品や加工乳の原料としても利用できることから，しばしば生産調整や保存を目的として製造されている。

図表5-5に示すように，バター，および脱脂粉乳の製造工程を極端に単純化すれば，生乳を液体と固体に分ける工程とみることができる。その意味ではチーズの製造工程と同じである。チーズの場合では，原料に酵素などを加えて凝固させた固体の部分と残った液体の部分（ホエイ＝乳清）に分ける作業が行われる[13]。そのため，チーズの製造ラインで脱脂粉乳（バター）を

---

13) ここでいうチーズはゴーダやチェダーなどのナチュラルチーズを指している。スライスチーズなどはプロセスチーズと呼ばれ，ナチュラルチーズを原料に用いて製造されるものである。なお，ナチュラルチーズの原料としては，生乳以外にもバターミルクや

製造することも可能となる[14]。

2．殺菌工程と検査工程

（1）黄色ブドウ球菌による食中毒

　食中毒には，自然毒（フグの毒など），化学物質（混入）によるものも含まれるが，多くの食中毒は，細菌性食中毒である。細菌性食中毒には，①感染型，②食物内毒素型，③生体内毒素型がある（好井他，1995，p.161）。①は，食中毒細菌の汚染を受けた飲食物を摂取して，体内でその微生物がさらに増殖して起こる食中毒，②は，ある種の食中毒細菌が食品中で増殖する際に産生した毒素を含んだ飲食物を摂取して起こる食中毒，③は，一部の食中毒細菌が消化管内で増殖して毒素を産生し，それによって発症する食中毒である。

　黄色ブドウ球菌による食中毒は，菌体外毒素エンテロトキシン[15]を食中毒惹起量以上含有する飲食物を摂取することによって起こる食中毒で，黄色ブドウ球菌に汚染された食品が同菌の増殖を許すような条件のもとに長時間保存され，エンテロトキシンが産生された結果として生じる典型的な食物内毒素型食中毒である（好井他，1995，p.164）。食中毒の潜伏期は通常1～5時間であり，症状としては悪心，吐き気，嘔吐，下痢，腹痛が起こる。特に激しい嘔吐は本中毒の特徴である。一般に経過は軽く，1日程度で回復する。

　黄色ブドウ球菌（staphylococcus aureus：スタフィロコッカス・アウレウス）は耐塩性の通気性嫌気性菌であり，人の皮膚，鼻腔，塵埃，下水などの生活環境にも普遍的に存在している（藤井，1997，p.139）。乳は栄養に富んでおり，黄色ブドウ球菌が増殖しやすい環境であるため，少量でも，後に増殖して食中毒を引き起こす可能性がある。ただ，比較的熱に弱く，130℃

クリームなども認められている。
14）後述するが，雪印乳業大樹工場は主としてチーズを製造しているが，年に数回，生産調整のためチーズの製造ラインを利用して脱脂粉乳とバターを製造していた。
15）エンテロトキシンには様々な型がみられるが，食中毒を引き起こす大半のエンテロトキシンはA型である。

図表5-6　黄色ブドウ球菌とエンテロトキシン

黄色ブドウ球菌	エンテロトキシン
・細菌（増殖する） ・生活環境にも普遍的に存在 ・比較的熱に弱く，130℃2秒の加熱で死滅	・毒素（増殖しない） ・黄色ブドウ球菌が増殖する過程で産生する毒素 ・非常に熱に強く，120℃20分の加熱でも活性が残る ・無味無臭

で2秒間の加熱でほぼ完全に死滅する。他方，エンテロトキシンは毒素であるため，黄色ブドウ球菌が存在しない限り，それ自身で増殖することはない。しかし，熱に強く，120℃で20分の加熱でも活性が残る。黄色ブドウ球菌とエンテロトキシンの特徴を図表5-6に整理する。

（2）殺菌工程の概要

牛乳の殺菌には，加熱によって細菌を死滅させる方法がとられる[16]。いわゆる加熱殺菌である。この加熱殺菌の方法は，温度と加熱時間によって3つに分けることができる。第1に，62～65℃で30分程度熱処理を行う低温保持殺菌法（LTLT），第2に，75℃で15秒程度加熱処理を行う高温短時間殺菌法（HTST），第3に，120～135℃で1～3秒加熱する超高温加熱処理法（UHT）である[17]（伊藤，2004，p.272）。大樹工場においては，超高温加熱処理法が採用されていた[18]。

一般に，熱殺菌を行えば乳中の細菌は全て死滅するような印象があるが，通常の殺菌処理では原料中の細菌を完全に死滅させることはできない。しかし，殺菌を繰り返すことによって，残存する細菌数は指数関数的に減少する。

---

[16] 殺菌工程の概要については，伊藤（2004, p.272）を基にしている。

[17] LTLT は Low Temperature Long Time pasteurization, HTST は, High Temperature Short Time pasteurization, UHT は Ultra-High Temperature pasteurization の略である。

[18] 市販の飲用乳の多くはUHT法で殺菌されている。殺菌後の製品の保存性の面からみればUHT法で殺菌された製品が優れており，LTLT法で殺菌された製品がもっとも劣る。しかし，風味の面から見ればLTLT法やHTST法で殺菌された製品のほうが優れている（伊藤　2004, p.272）。

図表5-7　脱脂粉乳製造に関係する法律基準と社内基準

		乳等省令	雪印の社内基準
原料生乳	一般細菌数	4,000,000個／ml	4,000,000個／ml
脱脂粉乳（製品）	一般細菌数	50,000個／g	9,900個／g
	大腸菌群	陰性	陰性
	黄色ブドウ球菌		陰性

　X％の細菌を殺菌することが可能な殺菌処理の場合，殺菌処理の回数をnとすると，殺菌処理によって残存する細菌数は理論上，$(1-X/100)^n \times 100$（％）となる。具体的には，99％殺菌できる熱処理の場合，1回であれば99％，2回繰り返せば99.99％の細菌を熱殺菌することになる。

（3）法律基準と社内基準

　乳等省令によれば，原料として使用可能な生乳における一般細菌数は4,000,000個／mlである。雪印の社内基準も同様である。同様に，乳等省令によれば，脱脂粉乳を製品として出荷するためには，一般細菌数は50,000個／g，大腸菌群は陰性[19]であることが要求される。

　この点について，雪印はより厳しい社内基準を採用している（図表5-7）。脱脂粉乳における一般細菌数は9,900個／gであり，黄色ブドウ球菌に関しても陰性であるかを確認していた。

（4）検査工程の概要[20]

　検査工程は主に品質にかかわる検査と安全性にかかわる検査の2つに分けることができる（図表5-8）。ここでは，安全性にかかわる細菌検査に限定して説明を行う。

---

19)「陰性」とは，特定の物質が含まれているかどうかを検査した結果，その検査手順では特定の物質が検出されなかったことを指す。
20) 脱脂粉乳の製造工程における検査には，原料の検査，工程間の検査，最終の検査の3つがある。原料の検査は受入工程で行われるため，次項で簡単に説明する。工程間の検査では，温度，酸度，風味の検査を行う。

図表5-8　脱脂粉乳の検査項目

品質	安全性
水分，溶解性，異物の確認，風味，味，色，粉の流動性，見た目，不溶解，酸度，乳脂肪	一般細菌数，大腸菌群，大腸菌群（増菌検査），黄色ブドウ球菌（増菌検査）

図表5-9　検査の概要

検査	対象となる菌	検査内容
一般細菌検査	一般細菌（全ての菌が対象）	標準寒天培地に検体を接種し，35℃で48時間培養
大腸菌群検査	大腸菌	DHL寒天培地に検体を接種し，37℃で18～24時間培養
直接培養検査	黄色ブドウ球菌	食塩卵黄寒天培地に検体を接種し，37℃で48時間培養
増菌検査	黄色ブドウ球菌	7.5%食塩化トリプトソイ培地に検体を接種し，37℃で18～24時間培養した後，食塩卵黄寒天培地に検体を接種し，37℃で48時間培養

出所：大阪市環境保健局（2001, p.179）。

　細菌検査は，通常，寒天平板法と呼ばれる方法が用いられる[21]。食品細菌の計数には，標準寒天培地などを用いて35℃で24～48時間培養する方法がよく用いられている。また，黄色ブドウ球菌などの特定の菌を選択的に検査する際には，その細菌を選択的に培養する培地を選ぶことになる。試料中の1個の細菌は直接肉眼で確認することはできないが，これを寒天培地上で培養すると培地中で増殖し，やがて1個の点（コロニー）として目でみえるようになる。微生物の増殖・栄養条件は多様であるので，ある一定の条件下で全ての微生物が一様に増殖するわけではないため，培地中で増殖できるものだけが計数される。こうして得られる細菌数のことを生菌数とよぶ[22]。ここで

---

21) 細菌検査の概要については，藤井（1997, pp.37-40）を基にしている。
22) 細菌検査では培地で培養した菌が形成する集落・集団（コロニー）の数を数えるため，cfu（colony forming unit：コロニー形成単位）という単位が用いられる。

得られた生菌数が基準値以下であれば出荷されることになる。

　雪印で行っていた脱脂粉乳を対象とした検査は，一般細菌検査と大腸菌群検査，ならびに黄色ブドウ球菌検査（直接培養検査，増菌検査）である。各検査の概要を図表5-9に示す。図表5-7と図表5-9を比較すればわかるように，黄色ブドウ球菌にかかわる直接培養検査と増菌検査は法令では決められていないが，雪印が独自に行っている検査である。

3．脱脂粉乳の製造・出荷工程

　最後に，図表5-10にしたがい，熱殺菌工程と検査工程も含め，大樹工場における脱脂粉乳製造・出荷に関する全ての工程について簡単に説明しておく[23]。

①生乳受入

　酪農家において乳牛から搾乳された牛乳は，いったんバルク・クーラー（冷却装置を備えたタンク）に貯留される。その後，冷却装置を備えたタンクローリーに移し替えられ工場に運び込まれる。工場では計量が行われ，その後，色調および風味の検査，比重・乳温・酸度・乳脂肪率・無脂乳固形分などの測定，細菌検査，塵埃検査などが行われる。受け入れた牛乳は貯乳タンクに貯蔵され，小さな異物や微生物の除去のために，清浄化される。その後，約4℃に冷却されて，貯乳される。

②分離工程

　分離工程とは，クリーム分離器を用いて，生乳を脱脂乳とバターに分離する工程である。クリーム分離器は，モーターによって回転し生乳に遠心力を与え，生乳を比重の軽い乳脂肪と比重の重い脱脂乳に分離する。

③熱殺菌工程

　熱殺菌工程では，超高温加熱処理法（UHT法）によって殺菌が行われる。脱脂乳は130℃で約4秒間の加熱処理が施される。

④濃縮工程

---

[23] 各工程の説明に関しては，伊藤（2004）を基にしている。

図表5-10 脱脂粉乳の製造・出荷工程

①生乳受入 → ②分離 → ③熱殺菌 → ④濃縮 → ⑤乾燥 → ⑥検査 → ⑦出荷

濃縮工程では，加熱処理を行い，脱脂乳の濃度を高めていく工程である。脱脂乳を濃縮して濃度を高めることは，その後の乾燥工程で必要なエネルギーを節約し，乾燥効率を高める。また，品質の向上にも寄与する。一般的には，1/3〜1/4になるまで水分を蒸発させる。

⑤乾燥工程

濃縮された脱脂乳は，噴霧器を通して噴霧（微粒子化）され，高温乾燥気流中で乾燥される。具体的には，大きな容量をもつ乾燥室に高温の空気を送り込み，50〜70℃に加温された濃縮乳を噴霧器によって霧状に噴霧する。この操作により，霧状に微粒子化された濃縮乳は熱風に曝され瞬間的に乾燥粉末にされる。一般に乾燥時間は数秒程度である。乾燥室底部に堆積した粉乳はコンベアによって連続的に排出される。

⑥検査工程

ここでは，一般細菌検査，大腸菌群検査，直接培養検査，増菌検査を行っている。

⑦出荷工程

粉末状になった脱脂粉乳を袋状に詰め，ロット番号が打たれ出荷される。

Ⅳ．大樹工場における汚染脱脂粉乳の製造・出荷プロセス

1．大樹工場の特徴

大樹工場は1939年に設立され，1957年からチーズの製造を開始している。カマンベールやストリングスチーズなど50品目を年間約8,500トンと，脱脂粉乳などの粉乳9品目を年間約6,000トン製造していた。脱脂粉乳の生産量は年間約290トンであった。生乳は，大樹町，広尾町から年間約115,000トン

を受け入れている。全社的には，ナチュラルチーズの主力工場として位置付けられていた。脱脂粉乳の製造は，生産調整，もしくは棚卸し作業の際にチーズ製造用の設備を用いて行われていた。従業員数は2000年4月1日時点で387名であり，従業員規模は横浜チーズ工場に次ぐ規模である。また，社員の多くは広尾町の住人であり，地域に根づいた工場であるといえる。

2．汚染脱脂粉乳の製造・出荷プロセス[24]

汚染された脱脂粉乳は6月20日午前中に大阪工場に278袋搬入されたロット番号「011007ACQ」である。ここでは特に，大樹工場において製造されたこの脱脂粉乳が汚染されたプロセスについて概観する（図表5-11）。

2000年3月31日，大樹町は快晴で最高気温8.9℃と，北海道のこの時期にしては非常に暖かい日であった[25]。午前10時57分，大樹工場粉乳包装室の軒先に形成されていた氷塊が直下の電気室の屋根を破って落下した。そのため，雪解け水が電気室遮断機絶縁部に侵入し，発電装置の回路がショートし，工場全体で約3時間にわたる停電が起こった[26]。その後，午後6時51分より復旧作業のために約1時間程度の計画停電があった。

この結果，生乳分離工程において約3時間30分，ライン乳タンクにおいて約10時間，温度管理がなされぬまま乳が放置されることになった。なお，生乳分離工程は，図表5-10では②に，ライン乳タンクは④に対応する。

生乳分離工程においては，おおよそ20～30℃に加温された状態で，また，

---

24) 汚染脱脂粉乳製造・出荷のプロセスについては，主に，大阪市環境保健局（2001）と雪印食中毒事件に係る厚生省・大阪市原因究明合同専門家会議（2001）に依拠している。
25) 気象庁ウェブサイト（http://www.data.jma.go.jp/obd/stats/etrn/index.php）のデータによる。
26) 通常の停電は電線の切断，落雷等を原因として起こる瞬間停電であり，せいぜい10分程度で復旧することが一般的である。1時間以上の停電，ないしは機器が壊れるような停電はまれである。また，バックアップ電源は通常，瞬間停電でも影響を受ける工程に設置されることが一般的であり，大樹工場の場合，事故以前からチーズの温度管理設備にバックアップ電源を設置していた。チーズの場合，製造が長期間にわたり，瞬間停電であっても品質に大きく影響を与えるためである。

図表5-11　大樹工場での汚染脱脂粉乳製造・出荷プロセスの概要

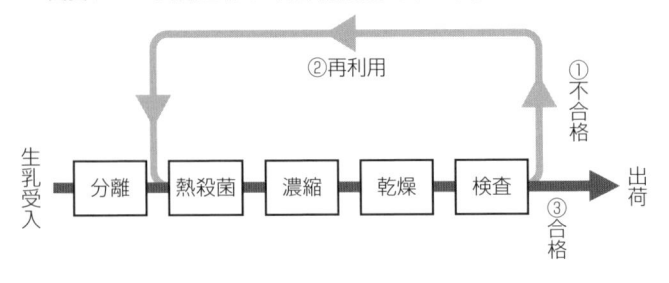

```
                    ②再利用
           ┌──────────────────────┐
           ↓                      │                    ①不合格
生乳受入 → 分離 → 熱殺菌 → 濃縮 → 乾燥 → 検査 ──────→ 出荷
                                          └──③合格──→
```

ライン乳タンクでは，40℃に加温された状態で放置されていたとみられている。そのため，乳中で黄色ブドウ球菌が増殖し，さらに，黄色ブドウ球菌が増殖する過程においてエンテロトキシンが大量に産生された。

翌4月1日，原料ならびにラインが汚染されているとの認識がないまま，939袋（1袋25kg）の脱脂粉乳が製造された。4月4日の品質検査の結果で，製造された脱脂粉乳の一部からは出荷前の品質検査で1gあたり約98,000個の一般細菌が検出された。これは，社内基準である1gあたり9,900個を大きく超える数値であり，乳等省令に定められた脱脂粉乳の成分規格の1gあたり50,000個をも超えるものであった。

このため，当日製造された脱脂粉乳のうちおよそ半分の449袋が最終検査で不合格となり，製品として出荷されず仕掛品として処理された。この仕掛品は廃棄されることなく，4月10日の脱脂粉乳製造の際に水に溶解し，生乳から製造された脱脂乳と混合され，再び原料として使用された。その際，新しい脱脂乳と再利用の脱脂乳をおおよそ一対一の割合で用いている。これが，後に批判のやり玉にあげられることになる再利用である。

こうして製造された4月10日付の脱脂粉乳は，製造工程中で再び熱殺菌処理されたことにより，黄色ブドウ球菌が死滅し，一般細菌数も社内基準値以下となった。出荷前の品質検査にも合格し，生産された830袋のうち750袋が製品として出荷された。

黄色ブドウ球菌は熱殺菌によって死滅するが，エンテロトキシンは熱に非常に強い耐性をもつ。加えて，当時の製造ラインでは，細菌検査は行ってい

第5章　事例：雪印乳業集団食中毒事件

たものの，エンテロトキシンの検査は行っていなかった[27]。そのため，この製品には，黄色ブドウ球菌の生菌は存在していなかったものの，その毒素であるエンテロトキシンが残留していた。そして，毒素に汚染されているとの認識のないまま，問題の脱脂粉乳は大阪工場に向けて出荷され，前述のように大阪工場製の低脂肪乳等も汚染されてしまったのである。

　こうして，雪印は13,420名にもおよぶ被害者を出した集団食中毒事件により社会からの信頼を失い，小売店からの製品撤去などに伴い売上が激減するなど，企業として大きなダメージを受けた。

　その後，雪印は「企業風土の刷新」「品質保証の強化」「平成14年度黒字化に向けて」という3つの施策からなる「雪印再建計画」を策定した。そしてその一環として，2000年10月には企業風土の刷新と経営改革を行うために外部の有識者からなる経営諮問委員会を設置している。また，2001年4月には「雪印企業行動憲章2001」を策定している。

　しかし，再建計画が緒についた2002年1月，関係会社の雪印食品による牛肉偽装事件が発生し，雪印は再び社会からの強い批判にさらされることになる。問題を起こした雪印食品は存続を断念し，雪印も会社存亡の危機に陥った。結果として，雪印は市乳部門やアイスクリーム部門などを分離・分割し，バター・チーズの製造会社として，事件前のおよそ1/5の規模で再出発せざるを得なくなったのである。

V．八雲工場における集団食中毒事件

　雪印は過去にも食中毒事件を起こしている。1955年に起きた，八雲工場で製造した脱脂粉乳を原因とした食中毒事件である。2000年の集団食中毒の際に，しばしばメディアなどを中心にこの八雲工場における集団食中毒事件が

---

[27] 乳等省令では，当時も現在もエンテロトキシン検査を義務付けていない。なお，前述のように，雪印では乳等省令に定められていないが，粉乳類については独自の規定にしたがって黄色ブドウ球菌検査を実施していた。

取り上げられ,「雪印は同種の食中毒事件を2回起こしている」という批判を受けた[28]。また,八雲工場の集団食中毒事件を取り上げ,事故原因の分析に関連させている先行研究も存在する（フィンケルシュタイン, 2004；福永・山田, 2005）。事故の発生メカニズムを考察するためには,上述の批判を検討する必要があると考えられるため,以下では八雲工場における集団食中毒事件の概要の記述を行う[29]。

1. 八雲工場における集団食中毒事件の概要

1955年から,国産脱脂粉乳を学校給食に用いることを目的に大量買い上げが実施された。その第1回目に出荷された,雪印乳業八雲工場製の脱脂粉乳によって食中毒が引き起こされたのである。

1955年3月1日に東京都墨田区本所二葉小学校で,在校中の上級生や,帰宅中の下級生の間に激しい嘔吐と腹痛を訴える患者が続発し,それぞれ校医,開業医の診察を受け,食中毒と診断された。被害状況は,保健所から都衛生局に連絡され,原因調査の結果,当日昼の給食によるものと推定された。

翌2日に全生徒に調査票を配り調べたところ,ミルクが有力な原因として考えられるようになる。また,同時に,都内練馬区南小学校をはじめ6つの小学校からミルクによる中毒の発生が続々報告され,これらはいずれも雪印八雲工場製の脱脂粉乳を使用していた。

そのため,脱脂粉乳による食中毒であると断定され,2日の午前中に都教育長から都内各小学校に対し,国産脱脂粉乳使用中止の指令が出された。また,雪印は,厚生省・文部省・東京都・乳製品協会と連絡協議の上,全支店に脱脂粉乳,スキムミルクの一時販売停止,八雲工場製脱脂粉乳の回収を指示した。この粉乳使用中止については,午後1時のNHKニュースをはじめとする民間放送によって全国的に報道されたが,連絡が間に合わず,この日

---

28) 詳細は第6章第1節を参照。
29) 八雲事件の概要は,雪印乳業史編纂委員会編（1961）,pp.102-107, p.128に依拠している。

新たに233名の患者を出すことになる。

　同日（2日）午後に，文部省から脱脂粉乳の出荷先である20都府県に，使用停止の連絡を行った。都内では665校から28ポンド5,151缶が封印され回収された（このうち209缶は使用済みである）。最終的には，発生校数9校，患者数は，総給食者数9,895人のうち，19.6％に相当する1,936名にいたった。なお，患者の症状は比較的軽く，翌日にはほとんどの学童が登校可能であった。

２．原因究明

　3月3日，都立衛生研究所での精密検査の結果，八雲工場製脱脂粉乳に多数のブドウ球菌が検出されたため，同工場製脱脂粉乳は移動禁止処分を受け，汚染源の調査が開始された。現地調査などを目的として粉乳事故調査研究会が組織され，厚生省公衆衛生局，北海道大学，北海道衛生部，道立衛生研究所，雪印研究所から50数名が参加した。

　3月9日，粉乳事故調査委員会は，八雲工場において，新しい機械を取り付け使用した際にその機械が故障し，さらに停電事故が重なって，製造中の脱脂粉乳に対して適切な経時的処理が行われなかったことが原因であると報告を行った。

　具体的には，新しく導入した粉乳製造器の特殊ベルトが切れて補充に時間を要し，さらに当時の電力事情から，停電事故が重なったことで原料処理に時間がかかり，狩太・倶知安両工場から送られてきた半濃縮乳の一部の処理が翌日に繰り越されたため，その間に細菌の繁殖を生じたものと結論が下された。

　3月17日，厚生省主催のもとに各関係者が参集し，調査経過報告，検査成績報告が行われ，この質疑応答懇談の報告会をもって事件調査は終結する。

３．謝罪

　雪印は3月5日から，全国主要新聞に謝罪広告を掲載し，学校には見舞金を送り，関係校の全保護者にお見舞い状，学校長・PTA会長・教育長，保

図表5-12　全社員に告ぐ（社長訓示）

　今回東京都における学童給食に際し発生した八雲工場の脱脂粉乳による中毒問題は，当社の歴史上未曾有の事件であり，当社三十年の光輝ある歴史に拭うべからざる一大汚点を残したものである。この影響するところきわめて大であり，消費者の信用を失墜し，脱脂粉乳はもとより他のすべての製品の販路にも重大なる影響を及ぼし，生産者に大なる不安を与え，監督官庁にも尠なからず迷惑を及ぼしたのである。これはまさに当社に与えられた一大警鐘である。

　人類にとって最高の栄養食品である牛乳および乳製品を最も衛生的に生産し，これを豊富に国民に提供することが当社の大いなる使命であり，また最も誇りとするものであるが，この使命に反した製品を供給するに至っては当社存立の社会的意義は存在しないのである。この使命達成は決して容易なことではない。しかし事務と技術の如何を問わず，全社員が真にこの使命観に徹し，全社的立場においてものを考え，おのおのの職責を正しくかつ完全にこれを果し，会社を愛する熱情に燃えて相協力し，他の足らざるところを互いに相扶け，相補い合い，絶えず工夫し研究して時代の進運に遅れないように努力するならば決して不可能ではない。

　当社の事業において一人の怠るものがあり，責任感に欠ける者がある場合，それが社会的にいかなる重大事件を生じ，社業に致命的影響を与えるものであるかは，今回の問題が何よりも雄弁に物語っている。多数農家の血と汗の結晶である牛乳が多くの資材と労力を費して製品化されるのであるが，一人の不注意によってこれを焼却し，あるいは廃棄しなければならぬ結果を生ずるのである。

　牛乳及び乳製品は人類にとって最も栄養に富む食品であると同時に細菌にとってもまた理想的な栄養物であり，通常の殺菌工程においては前菜菌は死滅するものではないから，これが保存温度を誤れば忽ち短時間にして再度無数に繁殖するものである。したがって工場と市場を問わず，常にその保存と取扱に細心の注意を払わなければ直ちに品質は汚染され，変質するのであるから常に周到な管理が必要である。適切な殺菌と急速かつ適度の冷却が優良な製品を造り上げる最大の鍵であり，市場における細心の管理が品質保全の絶対要件である。この協力があってはじめて製品の信用と声価を高めることができるのである。この協力の責任を果さずして他に責任を転嫁することは許されない。信用を獲得するには長年月を要し，これを失墜するのは一瞬である。そして信用は金銭では買うことができない。当社の生命は品質であり，品質は信用を維持し当社を繁栄させ，社員の生活を安定せしめる最大の要素である。いかなる近代設備も優秀なる技術と最新の注意無くしては，一文の価値をもあらわさないだけでなく，却って不幸を招く大いなる負担である。

　機械はこれを使う人によって良い品を生産し，あるいは不良品を生産する。そして人間の精神と技術とをそのまま製品に反映する。機械はこれを使う人間に代わって仕事をするものであり進んだ機械ほど敏感にその結果を製品にあらわすのである。今回発生した問題は当社の将来に対して幾多の尊い教訓をわれわれに与えている。これを単に一工場の問題として葬り去るには余りにも犠牲は大きく当社の社会的責任は大である。この名誉を回復するためには八雲工場のみの努力では不可能である。この問題を徒に対岸の火災視することなくおのおのの尊い反省の資料としてこれを受入れ，全員が一致団結し真に謙虚な気持ちに立ち帰り，いよいよ技を練り職務に精励し，誠意と奉仕の精神とをもって生産者と顧客に接する努力を続けるならば，必ずや従来の信用を取り戻すことができるばかりでなくますます将来発展への契機となることを信じて疑わない。

　諸君が若し会社と運命を共にする決意があるならば，必ず私のこの心からの願いを諸君の心として社業に専念さられることを信じ，あえてこれを全社員の心に訴える次第である。

出典：雪印乳業史編纂委員会編（1961）pp. 105-106。

健所・販売店・同業各社にお詫び状を送り，あわせて首脳部が関係各所を歴訪し謝罪を行った。

3月18日，佐藤社長は「全社員に告ぐ」とし，「品質によって失った名誉は品質をもって回復する以外に道はない」と，声涙ともに下る訓示を行い，細心の注意と努力を訴えた。佐藤社長が伝えた「全社員に告ぐ」の内容を図表5-12に示す。

4．品質管理体制の強化

この事件を契機に，北海道衛生部の指導のもと，雪印社内の品質管理体制は抜本的な強化が図られた。具体的には，以下の3点をあげることができる。

第1に，衛生管理部門の独立強化である。研究所に衛生管理第一課を，東京研究所に衛生管理第二課を新たに設置し，監視員を随時各工場に派遣，工場内外の衛生管理を徹底的に監視し，直接指導できるように図り，必要のある場合は酪農部門に連絡し原料乳質改善に協力し，また従業員の衛生観念に関する教育を行うとともに，機械器具の改修新設についても衛生的見地からこれに参画するようにした。

第2に，検査部門の独立強化である。研究所に検査第一課を，東京研究所に検査第二課を新設，それぞれ厳重な製品検査を行い，なお各支店に駐在検査員を配置し常時検査に当たり，生産から販売までの製品管理体制を整えた。

第3に，工場検査態勢の強化である。従来技術課長が業務管理をしていた製乳工場駐在検査員は，すべて工場長のもとに移管し，設備および人員を整備強化した。酪農補導員の強化も行い，乳牛の乳房炎の防止，搾乳から工場持ち込みまでの管理指導など汚染源の全てを解消する体制が整えられていった。

これらの諸対策の実施とともに，3月31日に道衛生部長・道農務部長に対し「中毒事件後とった諸対策」を報告し，4月21日に雪印八雲工場製脱脂粉乳の移動禁止が解除された。

参考資料　雪印乳業集団食中毒事件の経緯

月日	雪印乳業	その他
2000年 6月27日	・西日本支社に和歌山県の消費者より最初の苦情が入る	・市内病院医師より保健所に最初の届出
6月28日	・札幌市内において株主総会を開催 ・2件目の苦情が入る ・西日本支社で緊急品質管理委員会が開かれ，対策を協議 ・西日本支社において2回目の緊急品質管理委員会が開かれたが，製造見合わせの結論は出ず ・分析センター（埼玉県川越市）に製造保存サンプル，原材料および回収製品を搬入	・保健所が大阪工場を立入調査 ・保健所と生活衛生課が3件の有症苦情の内容と立入調査結果をもとに今後の対応を協議 ・大阪工場に対し製造自粛，回収及び社告を指示
6月29日	・委員会を開催し，製品の自主回収を決定するが公表は先送りにする ・自主回収開始 ・30日朝刊に社告を出すことを決定 ・記者会見（西日本支社が意思決定の遅れについて）	・保健所が大阪工場を立入調査
6月30日	・全国紙朝刊にお詫びと回収を知らせる社告を掲載 ・消費者から抗議と問い合わせが殺到 ・自社検査で逆流防止弁の乳固形分から黄色ブドウ球菌を検出	
7月1日	・記者会見（製造工程のバルブから黄色ブドウ球菌を検出）	
7月2日	・記者会見（営業禁止処分，毒素検出の理由，洗浄期間，被害者補償）	・保健所が大阪工場の営業禁止を命令 ・大阪府報道発表（大阪府立公衆衛生研究所において飲み残し品から黄色ブドウ球菌エンテロトキシンA型を検出）
7月4日	・全国紙朝刊にお詫びと回収を知らせる社告の掲載 ・回収命令による4製品以外に大阪工場で製造された55製品全て自主回収を決定（計59製品86品目）	・保健所が雪印に回収命令書を交付（6月21日以降に製造された「低脂肪乳」，「カルパワー」，「毎日骨太」）
7月6日	・記者会見（石川社長の引責辞任と大阪工場閉鎖の方針）	
7月11日	・記者会見（市乳部門の21工場を操業停止して安全確認を実施）	

出典：大阪市環境保健局（2001, pp.6-37）と北海道新聞取材班（2002, pp.317-320）を基に作成。

第 5 章　事例：雪印乳業集団食中毒事件

(2000年6月27日〜2001年1月31日)

月日	雪印乳業	その他
7月14日		・厚生省が大阪工場の総合衛生管理製造過程（HACCP）の承認取り消し
7月28日	・石川社長辞任，新社長に西紘平氏	
8月2日		・厚生省が大阪工場を除き安全宣言
8月18日	・記者会見（大樹工場製造分脱脂粉乳の調査結果について）	・大阪府警から保健所に「低脂肪乳等の原材料として使用されていた雪印大樹工場製造の脱脂粉乳から黄色ブドウ球菌エンテロトキシンA型が検出された」旨の通知 ・報道発表（大樹工場製造分脱脂粉乳の検査結果について）
8月19日	・大樹工場が操業を自主停止	・北海道が工場を立入調査
8月23日		・北海道も同工場製造脱脂粉乳から毒素を検出 ・帯広保健所が大樹工場を無期限営業禁止処分に
8月30日	・大阪府警が業務上過失傷害の疑いで雪印本社と西日本支社を捜索	
9月1日	・記者会見（大樹工場製造脱脂粉乳の全量廃棄と販売中止，自工場内での使用中止及び今後の大樹工場での脱脂粉乳の製造中止について）	
9月8日		・大阪府警が大樹工場を捜査
9月26日	・記者会見（2002年度末までに従業員の20%（約1,300人）削減などを含む再建計画を発表）	
10月13日		・北海道は大樹工場の改善状況を確認し，営業禁止処分解除
10月14日	・大樹工場が操業再開	
11月21日	・株式上場以来初の赤字を発表（経常損益224億円）	
12月20日		・厚生省と大阪府の合同専門家会議が，食中毒の原因を大樹工場製造の脱脂粉乳と断定（食中毒患者数は13,420人と発表）
2001年1月31日	・大阪工場を閉鎖	

第6章

雪印乳業集団食中毒事件の事例分析

Ⅰ．雪印乳業集団食中毒事件の先行研究

　2000年6月に発生した雪印の集団食中毒事件は社会的に大きな注目を浴びた。10年以上経った現在も，原材料の偽装表示などの食品に関連する企業不祥事が発生すると，新聞や雑誌などにおいて，雪印乳業集団食中毒事件の引用がなされる[1]。このように，雪印乳業集団食中毒事件は，製品の安全性に関するエポックメイキングな事件として位置付けられている。

　また学術的にも，雪印乳業集団食中毒事件は様々な観点から検討がなされている。大きく分ければ，①集団食中毒事件の発生原因を分析する研究，②食中毒発生後の企業の対応，および企業と社会の相互作用を検討する研究，③雪印の事故後の再生過程を分析する研究である。特に，①の食中毒事件の発生原因については，「なぜ，食中毒が発生したのか」というシンプルな問いにもかかわらず，直接の原因や組織的原因など，様々な要因が検討されている。

　そこで，本節では，雪印乳業集団食中毒事件の原因について考察された研

---

[1] 例えば，2007年に発生した株式会社不二家の期限切れ原材料使用事件，ミートホープ株式会社の食肉偽装事件，石屋製菓株式会社の「白い恋人」賞味期限先延ばし事件，株式会社赤福の消費期限・製造日・原材料表示偽装事件の新聞記事において，しばしば雪印乳業集団食中毒事件への言及がなされている（「日本経済新聞」2007年1月16日朝刊，「毎日新聞」2007年9月4日朝刊，「産経新聞」2007年11月26日朝刊）。

究を検討し，その発生原因として指摘されている様々な要因について整理・検討を行う。まず，雪印乳業集団食中毒事件に関する関係当局の見解とメディアの見解を概観する。次に，雪印乳業集団食中毒事件の原因について考察している研究を検討する。

1．関係当局の見解

　関係当局の見解としては，2000年12月に雪印乳業集団食中毒事件に係る厚生省・大阪市原因究明合同専門家会議が作成した「雪印乳業食中毒事件の原因究明調査結果について（最終報告）」と，2001年3月に大阪市環境保健局が作成した「雪印乳業㈱大阪工場製造の低脂肪乳等による食中毒事件　報告書」が存在する。前者は低脂肪乳等による黄色ブドウ球菌エンテロトキシンA型食中毒の発生原因の考察に焦点を当てたものであり，後者はそれとともに，雪印や大阪市，厚生省の事件発生後の対応についての記述を含む包括的な資料となっている[2]。食中毒の原因については雪印食中毒事件に係る厚生省・大阪市原因究明合同専門家会議（2001）が詳細な検討を行っているため，以下では，雪印食中毒事件に係る厚生省・大阪市原因究明合同専門家会議（2001）に示された食中毒発生のプロセスについて検討する。

　雪印食中毒事件に係る厚生省・大阪市原因究明合同専門家会議（2001）によれば，4月1日製造の脱脂粉乳の製造工程において発生した停電の際に，生乳中または製造ラインに滞留したライン乳中に存在した黄色ブドウ球菌が増殖し，エンテロトキシンを産生した。

　黄色ブドウ球菌のエンテロトキシン産生は，生乳分離工程または濃縮工程のライン乳タンクで起こったと考えられる。「汚染要因」の観点からは生乳分離工程において合理的説明が可能であり，「増殖要因」の観点からは濃縮工程のライン乳タンクにおいて合理的説明が可能である[3]。しかし，調査に

2）　大阪市環境保健局（2001）には，雪印食中毒事件に係る厚生省・大阪市原因究明合同専門家会議（2001）の内容が包含されている。
3）　エンテロトキシンが産生するためには，乳中に黄色ブドウ球菌が存在（汚染要因）し，

第6章 雪印乳業集団食中毒事件の事例分析

おいて確認された事実からはこれ以上の解明は困難であると記されている。

そして、類似の食中毒の再発を防止するためには、衛生基準の策定、HACCP[4]の導入などの措置を講ずることが必要であると指摘されている。また、雪印乳業に対しては、①事件公表の遅延による被害者の増加、②大阪工場および大樹工場における杜撰な衛生管理、③製造記録類の不備などの食品製造者として安全性確保に対する認識のなさが指摘されている。

2．メディアの見解

雪印乳業集団食中毒事件を取り扱った著書として、産経新聞取材班（2001）と北海道新聞取材班（2002）をあげることができる。両者とも、食中毒事件の遠因として様々な事実を記述しているが、主な指摘は、(1)競争環境の激化、(2)事故経験の忘却、(3)利益優先主義の組織風土、(4)安全性の軽視に整理できる。

(1) 競争環境の激化

競争環境の激化の内容としては、①乳製品自由化の圧力、②「D-0」問題があげられる。

従来、乳製品は、国内酪農家を保護するために自由に輸入できない政策がとられてきた。しかし、1987年に、農産物保護政策を改め、世界規模で市場

かつ、加温されることによって黄色ブドウ球菌が増殖（増殖要因）する必要がある。エンテロトキシンが産生した可能性は、生乳分離工程中の乳と、濃縮工程のライン乳タンク中の乳が考えられる。汚染要因の観点から、エンテロトキシンが産生された可能性が高い場所は、生乳分離工程中の乳である。他方、増殖要因の観点から、エンテロトキシンが産生された可能性が高い場所は、濃縮工程のライン乳タンク中の乳である。

4) HACCP（Hazard Analysis Critical Control Points）は原料から加工、消費にいたる各過程において、危険度を事前に予測し、複数の基準を設けて点検、記録する衛生管理システムである（北海道新聞取材班，2002，p.96）。アメリカのアポロ計画で宇宙飛行士に対して安全な宇宙食を提供するために開発された。従来の衛生管理システムでは最終製品の食品の検査が中心となっていた。これに対し、HACCPでは、製造工程にまで遡っていくつかの重要な管理点を設け、危害の分析や予測を行うことにより危害の発生を未然に防止することを特徴としている。日本では1995年の食品衛生法改正の際に厚生省によってこの制度が導入された（佐藤・山田，2004，p.173）。

を自由化し，競争原理を導入しようとするウルグアイ・ラウンド交渉が行われた結果，乳製品は自由化品目となった。想定よりも高い関税が課せられたものの，この交渉をきっかけに，乳業業界では，経営の合理化と欧米並みの大量生産システムによって生産コストを下げ，国際競争力を付けること，乳製品，特に牛乳の値崩れの防止が意識されるようになった（産経新聞取材班，2001，pp.89-91）。

「D-0」とは，DはDayの略であり，製造されたその日のうちに店頭に並ぶ牛乳を指す。1970年代初頭から，メーカー各社は製造後店頭に並ぶまでの日数減らしの競争が行われた。製造日から2日で店頭に並ぶ「D-2」から1日で店頭に並ぶ「D-1」へ，そして製造されたその日のうちに店頭に並ぶ「D-0」を競うようになった。厚生省は1985年に，メーカーに「D-0」の販売自粛を求める通達を出したが，実際には乳業界では禁じ手として使われてきた。特に大阪地区は製造日の新しい商品へのニーズが高く，このことは「D-0信仰」と呼ばれる場合もあるという。牛乳の製造には8時間，そして，製造された牛乳の検査には約16時間かかるため，十分な検査を受けることが困難となり，また問題が発生した場合に回収が困難となる。さらに，深夜に製造することが必須となるため，労働時間が長期化する恐れもある（産経新聞取材班，2001，pp.56-58）。このように，競争環境の激化の象徴として「D-0」問題が取り上げられる。

（2）利益優先主義の組織風土

利益優先主義の組織風土の内容としては，①社員のリストラ，②社長のキャリア，③酪農家からの距離があげられる。

もともと雪印は同業他社に比べ社員数が多く，高コスト体質が指摘されていた。そのため，1975年に1万人を超えていた雪印の従業員数は1999年には6,700人まで削減された。さらなるコスト削減のために，生産ラインの自動化で工場従業員の数が減らされ，技術者・研究者も減らされたことがまず指摘される（産経新聞取材班，2001，p.96）。

また，社長のキャリアにも注目がなされる。創業以来，生産・技術畑の社

長が続いてきた雪印において，石川社長は初の財務畑出身の社長であった。このことが利益優先主義の組織風土を強めたとの指摘が存在する（産経新聞取材班，2001，pp.99-100；北海道新聞取材班，2002，p.48）。

酪農家からの距離とは，雪印が創業以来，酪農家と苦楽を共にした歴史的経緯の中，本社を東京に移転するとともに，酪農家との距離が開いたことを意味している。例えば，酪農家の代表を参与に迎え，年に数回の意見交換会を設けていたが，1980年代から参与の数は次第に減らされた。また，雪印には「草重役」と呼ばれる制度があり，常時数人の農協組合長が取締役に招聘されていたが，この「草重役」制度も，1989年に北海道酪農協会会長の金川幹司が退任したのを最後に，廃止された（産経新聞取材班，2001，p.69）。

（3）事故経験の忘却

これは，八雲事件の経験を忘却したことを指している。八雲事件とは，前章で述べた1955年に発生した北海道の八雲工場製造の脱脂粉乳による食中毒事件のことである[5]。社長の佐藤貢は食中毒発生後，製品の販売停止と回収を指示し，新聞各紙に謝罪広告を掲載し，自らは原因調査に当たった。この迅速な対応により，世間も理解を示したという（産経新聞取材班，2001，pp.41-42）。その後，佐藤社長が八雲工場で行った訓示は「全社員に告ぐ」と題され，当時の雪印グループの全社員に配布された。翌年から，新入社員にも配られ，衛生管理研修の一環として取り上げられるようになった。しかしながら，1986年以降，雪印は，全新入社員にこの文書を配る伝統を打ち切っている（産経新聞取材班，2001，pp.46-47）。八雲事件の原因は，工場の停電事故であり，黄色ブドウ球菌を原因とした食中毒であった。今回の食中毒事件においても，停電事故をきっかけとしているため，両事件の類似性が指摘され，雪印は八雲事件から学んだ教訓を忘却したと指摘される。

---

[5] 八雲事件の詳細については，第5章第5節を参照。

（4）安全性の軽視

安全性の軽視の内容としては，①衛生管理知識の欠落と，②マニュアル遵守の不徹底があげられる。

衛生管理知識の欠落とは，長時間の停電と黄色ブドウ球菌発生との関係，黄色ブドウ球菌が熱に強いエンテロトキシンを産生する事実は食品衛生を学んだ者であれば誰でも知っていることであるが，雪印はそうした基本的な知識が欠落していたことを指す（産経新聞取材班，2001，p.94；北海道新聞取材班，2002，pp.86-87）。

マニュアル遵守の不徹底としては，製品保管庫の清掃記録を残さなかったことが指摘されている（北海道新聞取材班，2002，p.85）。さらに，出荷調整のため，恒常的に製造日の改竄や簿外処理を行っていたことも指摘されている（産経新聞取材班，2001，p.73）。また，大阪工場を中心に指摘されていることとして，HACCPが形骸化していたことがあげられる。雪印は1998年に全工場でHACCPを導入していたが，事故発生後，HACCP認可を受ける際に提出した図面にバルブや貯蔵タンクが記載されていなかったなどの違反行為が明らかとなった[6]（産経新聞取材班，2001，pp.94-95；北海道新聞取材班，2002，p.97）。

3．先行研究の概観

本項では，大樹工場における汚染脱脂粉乳の製造・出荷に限定し，この原因について考察している研究を取り上げ概観する。具体的に取り上げる研究は，藤原（2002），今野（2003），フィンケルシュタイン（2004），福永・山田（2005）である。また，食中毒発生に関連する研究として佐藤・山田（2004）も取り上げる。

藤原（2002）では，雪印食中毒事件に係る厚生省・大阪市原因究明合同専門家会議（2001）を基に，雪印乳業集団食中毒事件の詳細な記述を行ってい

---

[6] 同時に，厚生省のHACCP承認施設に対する審査・監視体制が問われることになった（産経新聞取材班，2001，pp.93-94；北海道新聞取材班，2002，p.97）。

る。その後，雪印乳業の問題点，食品衛生行政の対応，食品衛生指導・監視の役割の考察を行っている。また，雪印乳業集団食中毒事件の問題を16項目に要約している。具体的には，①食品衛生，品質管理意識の欠如，②過去の事故体験の風化，教訓の無視，③HACCP方式への認識不足と届出義務の不履行，④検査能力の低調，⑤行政側の検体収去への非協力，⑥品質管理体制の不完全性，⑦行政側との日常的な連携の不足，⑧行政側の勧告の軽視，⑨情報処理と管理能力の不足，⑩情報公開への無関心，⑪権限と責任のあいまいさ，⑫合議，決済機能の不完全性，⑬社長，役員の危機意識の欠落，⑭危機管理体制の欠如，⑮職員に対する基礎教育，訓練の不足，⑯消費者優先意識の欠落である（藤原，2002，pp.94-95）。藤原（2002）では，食中毒発生の原因と食中毒発生後の対応の遅れの原因がまとめて記述されている。食中毒の発生原因については，①〜④と⑥であり，それ以外の項目は食中毒発生後の対応の遅れについての原因と考えられる。

今野（2003）では，2000年の雪印乳業集団食中毒事件と2002年の雪印食品牛肉偽装事件を事例として取り上げ，心理学の側面から分析を行っている。まず，集団食中毒事件の人的要因として以下の4つを指摘する[7]。

第1に，安全知識の欠如・安全教育の不徹底である。現場の職員の食品安全に関する知識が不足していたことを指摘し，知識を身につけさせるための安全教育が適切に行われていなかったと指摘する。また，1955年に発生した八雲事件の経験から，雪印はエンテロトキシンに敏感になる必要があったと指摘している（今野，2003，p.52）。

第2に，安全マニュアルの不徹底である。エンテロトキシンによる食中毒が極めてまれで日常業務で意識されにくく，全員が知識としてもっている必要が無いならば，停電などの事故が生じた場合にエンテロトキシンが発生する可能性を考慮したマニュアルを作成する必要があったことを指摘している。

---

[7] 今野（2003）では，実際には5つの人的要因を提示している。5番目の項目である「意思決定」は，主に，被害発生から回収・情報公開までの意思決定を論じているため，ここでは割愛した。

また,工場の停電事故は決して珍しいものではないため,マニュアルは作成すべきであったと指摘する(今野,2003, p.53)。

第3に,危険感受性の鈍磨である。脱脂粉乳の再利用を繰り返す間に,菌だけでなく,熱に強い毒素が発生している場合の危険性を低く見積もるようになる。このことから,いわゆる専門家ゆえの落とし穴にはまる可能性を考慮し,危険予知訓練など安全教育の必要性を強調する(今野,2003, pp.53-54)。

第4に,職業的自尊心(の低下)である。職業的自尊心を高めることが安全意識を高める可能性を指摘している。そして,職業的自尊心を構成する要素として,仕事の社会的影響力の大きさや,生産物の社会的評価をあげ,生産物評価の認知を肯定的なものへと変化させることが必要だと主張する(今野,2003, pp.54-55)。

次に,雪印が食中毒事件,牛肉偽装事件を引き起こした背景として組織風土に注目し,問題点を2つ指摘する。第1に,雪印の組織風土の問題である。ジャニスの提示する集団思考を提示し,雪印が集団思考の状態に陥っていた可能性を指摘する[8]。第2に,過度の生産性重視である。近年の牛乳の安売り競争に伴い,雪印が加工乳・乳飲料の製造へとシフトしていった事実により,生産性が重視されてきた可能性を指摘する(今野,2003, pp.58-62)。

フィンケルシュタイン(2004)においては,戦略的視点から集団食中毒事件が検討される。まず,1955年の雪印の八雲工場における食中毒事件への対応が記述される。雪印はこの食中毒事件の教訓から品質重視の方針を社内文書で伝え続けた。しかし,記憶は風化し,品質重視を訴える文書の配布も途絶えた(フィンケルシュタイン,2004, pp.188-189)。

同時に,1990年代以降,市場環境も変化した。規制緩和により,流通業界の集約化が進み,交渉の主導権はメーカー側から流通側へと移った。このような競争環境の激化により,コストを削減することが重要視されるように

---

8) 集団思考の詳細については,第3章第3節を参照。

なった。また,「D-0」問題により,ミスを許容する余裕はなくなった（フィンケルシュタイン,2004,pp.189-190）。このような状況において,品質が犠牲になり,雪印乳業集団食中毒事件が引き起こされ,様々な工場における品質管理上の問題が明るみにでた。さらに,雪印食品が牛肉偽装事件を引き起こした。

そして,雪印において,長い歴史を通じて培ってきた安全策が無効化された理由として以下の3つを提示している（フィンケルシュタイン,2004,pp.193-195）。

第1に,効率追求の重圧がつのるあまり,工場の管理者たちは危険であり違法である非倫理的な作業手順から逃れられなくなってしまったことである。この原因としては,上級役員によるリーダーシップの欠如を指摘している。つまり,高い利益目標を掲げるだけではなく,揺るぎない倫理基準を定め,目標達成の道筋を照らし出せる人々がいなかったことである。

第2に,雪印は失敗を許容せず,さらには失敗そのものを認めることができない組織文化をもつ会社であったことである。大阪工場が本社に食中毒を報告することを渋っていたことは,問題を隠蔽できる自信と,自社製品に問題があったことをおおやけに認めることへの強い抵抗を示しているとする。

第3に,教訓から学ぶことを拒む姿勢である。長らく不法行為が潜行していた事実や,雪印が1年半後に牛肉偽装事件を引き起こしたことから,雪印は教訓から学ばなかったというよりは,教訓から学ぶことを拒んだのだと主張している。

福永・山田（2005）では,雪印乳業集団食中毒事件と雪印食品牛肉偽装事件という2つの不祥事を,企業倫理の問題としてとらえ,組織風土が重要な役割を果たしていると考える。そして,社史を中心とした記述を基に,雪印乳業の歴史的変遷から組織風土の変容について考察を行う。

まず,雪印は,その前身が酪農組合であったため,経営理念はステイクホルダー間の協調・協力や社会性を重視するかなり理想主義的なものであったとしている。そして,八雲事件を紹介し,その迅速な解決には当時の組織風

土が寄与したと指摘している。

　しかし，1960年代から雪印の組織風土の変容がはじまった。その要因は，意図せざる変容要因と意図した変容要因に分けられる。意図せざる変容要因には，①市場の変化に伴う戦略の変化，②外部資金調達先の変化と本社移転，③株主構成の変化，④酪農家との対立と取引関係の変化がある。他方，意図した変容要因には，1984年から開始されたCI（Corporate Identity）計画がある。そして，意図せざる変容要因により，北海道離れと酪農家離れが引き起こされ，創業理念が希薄化し，さらに，意図した変容要因によってその価値観が固定化したという構図を提示している（図表6-1）。

　また，八雲事件発生後に当時の社長が配布した資料である「全社員に告ぐ」について興味深い見解を提示している。「全社員に告ぐ」の配布は1986年に中止されたが，この年は，CI計画により，新しい経営理念が公表された年でもある。これにより，「全社員に告ぐ」の配布廃止が組織風土の変容を示す傍証として提示される。

　また，事故の原因について直接考察しているわけではないが，制度的側面

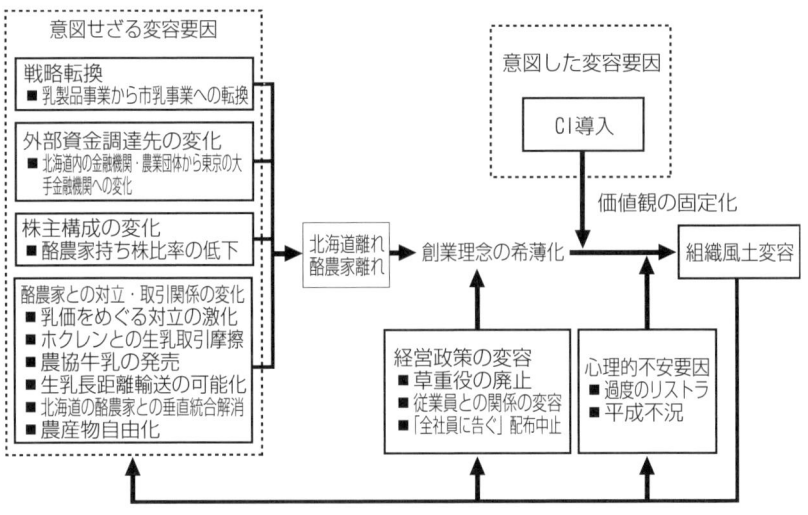

図表6-1　雪印乳業の組織風土変容プロセスと影響要因

```
┌─意図せざる変容要因──────────┐
│ ┌─────────────────┐  │                    ┌─意図した変容要因─┐
│ │戦略転換              │  │                    │                  │
│ │■乳製品事業から市乳事業への転換│  │                    │  ┌────────┐    │
│ └─────────────────┘  │                    │  │ CI導入 │    │
│ ┌─────────────────┐  │                    │  └────────┘    │
│ │外部資金調達先の変化      │  │                    │       │         │
│ │■北海道内の金融機関・農業団体から東京の大│                    └───────┼─────┘
│ │  手金融機関への変化      │  │                           価値観の固定化
│ └─────────────────┘  │                                   │
│ ┌─────────────────┐  │   ┌──────┐                      ▼
│ │株主構成の変化          │  │   │北海道離れ│   ┌──────────┐   ┌──────────┐
│ │■酪農家持ち株比率の低下   │──┼──▶│酪農家離れ│──▶│創業理念の希薄化│──▶│組織風土変容│
│ └─────────────────┘  │   └──────┘   └──────────┘   └──────────┘
│ ┌─────────────────┐  │                     ▲                ▲
│ │酪農家との対立・取引関係の変化│  │                     │                │
│ │■乳価をめぐる対立の激化    │  │           ┌─────────┐  ┌─────────┐
│ │■ホクレンとの生乳取引摩擦   │  │           │経営政策の変容│  │心理的不安要因│
│ │■農協牛乳の発売         │  │           │■草重役の廃止 │  │■過度のリストラ│
│ │■生乳長距離輸送の可能化    │  │           │■従業員との関係の変容│  │■平成不況   │
│ │■北海道の酪農家との垂直統合解消│  │           │■「全社員に告ぐ」配布中止│  │            │
│ │■農産物自由化          │  │           └─────────┘  └─────────┘
│ └─────────────────┘  │                     ▲                ▲
└─────────────────────┘                     │                │
         └──────────────────────────────────┴────────────────┘
```

出典：福永・山田（2005），P.136。

第6章　雪印乳業集団食中毒事件の事例分析

から雪印乳業集団食中毒事件を取り上げた研究として，佐藤・山田（2004）がある。佐藤・山田（2004）は，新制度派組織理論における「組織は流行に従う」という主張の事例として雪印乳業を取り上げている。そして，雪印乳業の製造工場において取得されていたHACCPの制度に注目している。HACCPが基本的に企業による自主管理の発想で行われており，一度書類審査によって認定を受けると，その後は定期的な検査ないし監査を受けなくても良く，実効性にかなり疑いのあるやりかたで運営されていることを指摘する。そして，ここから，日本の食品業界の一部では，HACCPという一種の資格を「とる」ことそれ自体が目的化しており，この制度に盛り込まれた理念や発想を「実践する」ことは後回しになりがちだった可能性を指摘している。この場合，HACCPが採用されることは，よりすぐれた衛生管理と品質管理を行うことができるからという理由よりは，公的機関からのお墨付きを得たり，消費者の間での製品イメージやブランドイメージを向上させたりすることが目的となっている可能性があるとしている。

4．雪印乳業集団食中毒事件の発生メカニズム：先行研究の視点

　以上のように，雪印乳業集団食中毒事件は様々な観点から数多くの分析が試みられてきた事例である。雪印乳業集団食中毒事件の原因の分析について関係当局やメディアの見解，先行研究の検討より明らかになった点は以下の3点である。

　第1に，全ての研究が1955年に発生した八雲事件に注目し，今回の事件との類似性を指摘していることである。この類似性を理由に，雪印は八雲事件の教訓を生かせなかったことが主張される。これには，「教訓の忘却」と「教訓化の失敗」という2つの可能性がある。「教訓の忘却」とは，八雲事件以降は教訓を活かして製品の安全性や品質を重視していたが，時が経つにつれてその教訓を忘却してしまったという解釈である。「教訓化の失敗」とは，そもそも八雲事件から何も学んでいなかったという解釈である。しかし，2000年の食中毒事件以前における雪印製品の品質の高さや技術力は業界内で

高く評価されていた（産経新聞取材班，2001，pp.18-19）。したがって，上述の諸研究においては，「教訓化の失敗」ではなく，「教訓の忘却」の解釈が採用されている。

　第2に，事故の発生原因として，雪印内部の問題と外部の問題が指摘されている。内部の問題では，組織風土の変容が議論されている。また，外部の問題としては競争環境の激化が議論されている。これらをまとめ，外部環境の変化に伴い，雪印の組織風土は安全性重視から利益優先へと変容したという構図が描かれる。なお，八雲事件発生後の雪印の対応を事故対応の成功例として位置付けるものも多い（フィンケルシュタイン，2004；福永・山田，2005）。八雲事件後の雪印の対応を成功例として位置付ける場合，今回の事故の対応との比較から，雪印において組織風土の変容が起きた傍証として扱われる。

　第3に，これらの内部の問題と外部の問題によって，安全意識が欠落し，事故が発生したというプロセスが想定されている。直接の原因はエンテロトキシンによって汚染された脱脂粉乳を出荷してしまったことであるが，これを安全意識の欠落によるものと解釈する。

　以上の3点から雪印乳業食中毒事件の要因を指摘するならば，①競争環境の激化，②利益優先主義の組織風土，③事故経験の忘却，④安全性の軽視として整理できる[9]。

　これらの要因をメカニズムとして理解するのであれば，競争環境の激化に伴い，利益優先主義の組織風土（利益優先パラダイム）に変容した。さらに，八雲事件の経験が忘却され，ここから，安全性軽視が生じ，事故が発生したという解釈が可能である（図表6-2）。

　藤原（2002）は，網羅的に事故の原因を指摘しているが，その中でも安全意識の欠落と事故経験の忘却に注目している。今野（2003）は，直接の原因

9）　メディアの見解を①競争環境の激化，②利益優先主義の組織風土，③事故経験の忘却，④安全性の軽視の項目として整理したが，これは，ここで示した4項目によって整理を行ったものである。

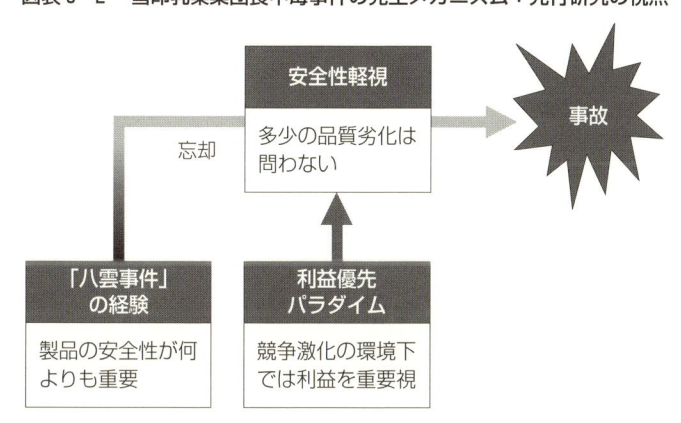

図表6-2　雪印乳業集団食中毒事件の発生メカニズム：先行研究の視点

```
                    ┌──────────────┐
                    │  安全性軽視   │
                    ├──────────────┤        ┌──────┐
                    │多少の品質劣化は│──────▶│ 事故 │
          忘却      │問わない      │        └──────┘
                    └──────────────┘
                           ▲
    ┌──────────┐     ┌──────────┐
    │「八雲事件」│     │利益優先  │
    │ の経験   │     │パラダイム│
    ├──────────┤     ├──────────┤
    │製品の安全性が何│ │競争激化の環境下│
    │よりも重要│     │では利益を重要視│
    └──────────┘     └──────────┘
```

として安全意識の欠落を指摘し，その背景として利益優先主義の組織風土に注目している。フィンケルシュタイン（2004）は，事故経験の忘却を指摘した上で，利益優先主義の組織風土に注目している。福永・山田（2005）は，利益優先主義の組織風土に注目して議論を展開している。

Ⅱ．調査より明らかになった事実

ここまで，先行研究を概観してきたが，本節では，本研究の調査によって新たに明らかになった事実について検討する。

雪印本社および大樹工場に対して筆者が行ったインタビュー[10]によって，これまで全く注目されていなかった，あるいは誤解されてきた4つの事実が明らかになった。

10）これらの4つの事実に関しては，基本的には2004年9月27日，2005年4月22日，2006年7月27日に行われた雪印大樹工場での，大樹工場工場長（当時）・内田幸生氏，および品質管理室長（当時）・荻原秀輝氏へのインタビューに基づいている。なお，2004年4月27日，8月16日に行われた雪印乳業本社のインタビューでは，コンプライアンス部長（当時）・岡田佳男氏に雪印乳業集団食中毒事件全体の事実確認を行った。また，2006年7月27日に行われたインタビューでは，CSR推進部長（当時）・大久保龍朗氏に4つの事実に関する再確認を行った。

1．出荷基準を満たしていた脱脂粉乳

　第1は，「食中毒を引き起こした脱脂粉乳は社内の出荷基準を満たしていた」という事実である。脱脂粉乳は，生乳を受け入れた後，分離工程で脱脂乳を取り出し，熱殺菌，濃縮，乾燥，検査の各工程を経て製造され，出荷される（図表6－3）[11]。2000年4月1日の脱脂粉乳の製造時には，検査の工程において，社内の出荷基準を超える一般細菌が検出された。その数はおよそ社内基準の10倍弱であった。その脱脂粉乳は，廃棄されずに再び溶解され，生乳から作られた脱脂乳と混合される形で再利用されている。このため，事件後，メディアから「出荷基準を満たしていない脱脂粉乳を再利用した」ことに批判が集まった。

　しかし，4月10日に製造されて最終的に出荷された脱脂粉乳が社内の出荷基準を満たしていた事実はほとんど注目されていない。実際には，雪印はその出荷基準を満たしていない脱脂粉乳を溶解して，新たな脱脂乳と混合し，もう一度熱殺菌を行い，最終的に出荷基準を満たしていることを確認した後に出荷していた。すなわち，4月1日に製造された脱脂粉乳は，図表6－3の「検査」の工程で不合格となり，製品としては出荷されていない（①）。そして，不合格となった仕掛品は4月10日の脱脂粉乳製造の際に原料として再利用され，熱殺菌の工程に戻されている（②）。そして，もう一度熱殺菌を行ったことにより，脱脂粉乳中の細菌は死滅した。この結果，食中毒の原

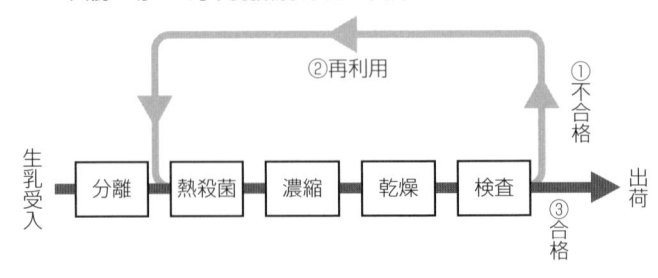

図表6－3　大樹工場での汚染脱脂粉乳製造・出荷プロセスの概要（図表5－11の再掲）

11）脱脂粉乳は粉末状の形状をしている。他方，脱脂乳は生乳から脂肪分を取り除いた溶液を指す。

因となった4月10日製造の脱脂粉乳は出荷基準を満たし，製品として大阪工場に出荷されたのである（③）。

確かに，一度不合格となった製品が再利用されたのは事実であるが，再利用後の製品は2回目の熱殺菌工程によって，最終的な出荷基準を満たしていたのである。

2．八雲事件と本事例の相違点

第2は，「八雲事件と今回の事件は似て非なるものである」という事実である。八雲事件も今回の事件も脱脂粉乳による食中毒であったため，2000年の食中毒事件当時，雪印は過去の事件から何も学習していないとの批判が多数みられた（産経新聞取材班，2001，pp.40-47；藤原，2002，pp.79-81）。

しかしながら，これら2つの食中毒事件は本質的に異なっている。八雲事件では，最終製品である脱脂粉乳の中から黄色ブドウ球菌が検出されている。しかし，大樹工場で製造された脱脂粉乳中からは黄色ブドウ球菌は検出されなかった。そもそも，第1の事実として指摘したように，4月10日製造の脱脂粉乳は出荷基準を満たしていた。つまり，大樹工場で製造された脱脂粉乳は，熱殺菌によって黄色ブドウ球菌が死滅していたのである（図表6-4）。

このことは，少なくとも熱殺菌工程に関する限り雪印の手順には問題がなかったことを意味している。雪印は文字通り，細菌を殺すという意味での「殺菌作業」，そして，細菌を検査するという意味での「検査作業」の重要性を八雲事件から確実に学んでいたことになる。

実際，雪印では八雲事件以前は原料乳中の黄色ブドウ球菌についてはモニ

図表6-4　八雲事件と集団食中毒事件の比較

	八雲事件（1955年）	集団食中毒事件（2000年）
脱脂粉乳中の 黄色ブドウ球菌	存在	死滅
脱脂粉乳中の エントロトキシン	存在	存在

タリング検査のみを実施しており，最終製品の検査を毎回実施していたわけではなかった。しかし，八雲事件以後はその時点で最良と考えられる検査方法で製品検査を実施するようになった。その後も検査方法の改良を重ね，2000年の段階では細菌検査に加え，粉乳類については増菌検査も実施する体制になっている[12]。このように，粉乳類について増菌検査を実施し，微量な2次汚染も早期発見できるような体制がとられているのは，黄色ブドウ球菌による食中毒を二度と引き起こしてはならないという，八雲事件の教訓を活かした結果であると考えられる。

　通説とは異なり，雪印は，1955年の八雲事件から組織として何も学習していなかったのではなく，八雲事件から「黄色ブドウ球菌が食中毒の原因であった」，そして「食中毒を防ぐためには黄色ブドウ球菌を確実に殺菌し，検査で確認することが重要である」ということを学び，適切に対応してきたと考えられるのである。

3．困難であったエンテロトキシンの検査

　第3は，「エンテロトキシンの検出検査は当時は非常に困難であった」という事実である。黄色ブドウ球菌は熱に弱く，130℃2秒の加熱でほぼ死滅するとされる。大樹工場では，130℃で4秒もの熱殺菌を行ってきたため，問題となった脱脂粉乳中の黄色ブドウ球菌そのものはほぼ死滅していた。また，最終検査でも脱脂粉乳中に黄色ブドウ球菌が残留していないことが確認されている。

　しかし，今回のケースでは，停電によって乳の温度管理が適切になされなかったために，生乳分離工程およびライン乳タンクにおいて黄色ブドウ球菌が増殖し，エンテロトキシンが産生した。熱に強い毒素であるエンテロトキシンは，熱殺菌の工程を経た後にもそのまま製品中に残留し，結果的に食中毒を引き起こしたのである。

---

[12] 雪印大樹工場品質管理室長・荻原秀輝氏による回答に基づく。

エンテロトキシンを見逃したことに対しては，事件後「黄色ブドウ球菌からエンテロトキシンが産生することは教科書的な事実である」という指摘が数多くなされた。そうした主張もあってか，エンテロトキシンの検査もまた容易であるかのような印象をうける。しかし，実際には乳中のエンテロトキシンの検査は，以下の3点の理由により非常に困難であった。

1点目は，検査の技術的な困難性である。黄色ブドウ球菌は細菌であるため，適当な培地で適当な温度のもとに培養すると増殖する。いわゆるシャーレを用いた寒天培養によって，目視でも菌の存在を把握することができるため，検査が比較的容易である。他方，エンテロトキシンは毒素であるため，増殖することはない。このため，基本的には遺伝子検査が用いられる。ところが，エンテロトキシンは単純蛋白であり，乳もまた蛋白であることから，乳からエンテロトキシンを分離して検出することは技術的に難易度が高かった[13]。

2点目は，あえてエンテロトキシンを検査する必然性が低かったことである。一般に黄色ブドウ球菌による食中毒の場合，原因食品から黄色ブドウ球菌の生菌そのものが検出される場合がほとんどである。少なくともこの食中毒事件が発生する時点までは，黄色ブドウ球菌の生菌が検出されずエンテロトキシンだけが検出されるという事件は，世界的にみても数例の報告しかなかったといわれている（浅尾，2000）。エンテロトキシンは黄色ブドウ球菌が増殖する過程で産生され，通常，黄色ブドウ球菌が存在しなければ，エンテロトキシンは存在しないためである。

黄色ブドウ球菌およびエンテロトキシンを検査する場合，①黄色ブドウ球菌のみを検査する，②エンテロトキシンのみを検査する，③黄色ブドウ球菌とエンテロトキシンの両方を検査するという3つの対応が考えられる。

しかし，仮に②のエンテロトキシンのみを検査したとしても，黄色ブドウ球菌の検査を省略するわけにはいかない。なぜなら，黄色ブドウ球菌が存在

---

13) 浅尾（2000）には，エンテロトキシンの検出を担当した大阪府公衆衛生研究所における検出方法開発の苦労が示されている。

していれば，出荷後，黄色ブドウ球菌が増殖してエンテロトキシンを産生する可能性があるからである。したがって，②の対応をとることはあり得ない。一方，前述のように乳中のエンテロトキシンの検出が困難であることを考慮すれば，③の対応も現実的ではない。したがって，「エンテロトキシンが存在すれば黄色ブドウ球菌も同時に存在する」，および「黄色ブドウ球菌がエンテロトキシンの発生源である」という前提に立った場合，黄色ブドウ球菌を殺菌し，そして，その黄色ブドウ球菌の数をチェックするという雪印がとった①の対応は，事故当時の検査体制としては合理的であったと考えられる。

3点目は，乳中のエンテロトキシンを検出するための一般的な検査方法が，事故当時は確立されていなかったことである。当時は，検査方法も基準値に関する業界内でのコンセンサスも存在しなかった。このため，仮に社内独自の方法で検査を行っても，その検査結果が何を意味するのかが明確ではなかった。エンテロトキシンの検査機は事故以前から存在していたが，その検査機にかけるサンプルをどのように作成するか，ならびに，そのサンプルから得られた数値をどのように判断するのかが明確ではなかったのである。実際，厚生労働省から乳中のエンテロトキシンの標準的な検査方法が提示されたのは事件後の2002年であった[14]。

要するに，「黄色ブドウ球菌が産生する毒素のエンテロトキシンが食中毒を引き起こす」という教科書的知識を有することと，「乳中のエンテロトキシンを検出する」検査を実際に行うことは別物だということである。

4．「もったいない」という考え方

第4の事実として指摘できるのは，雪印の現場における「もったいない」という考え方の存在である。大樹工場でのインタビューによれば，雪印の新入社員は，配属された工場の現場において「白いものは床に流すな」という

---

[14] 厚生労働省は2002年2月14日に，食監発第02140002号で，「乳中からのエンテロトキシンの検査方法」を制定した。

表現で，先輩社員から乳を大切に扱うよう徹底的に指導され，少しでも乳を無駄にすれば「もったいない」と指摘を受けるという。

　この「もったいない」という考え方には，次の3つの意味が込められている。第1の意味は，生乳は非常に貴重な資源であるから大切に扱わなければならないというものである。生乳は酪農家が苦労して生産したものであり，酪農家の苦労に報いるためにも，生乳は丁寧に扱うべきだとする考え方である。実際，大樹工場の周辺には酪農家が多数存在しており，雪印の工場と酪農家との距離は物理的にも心理的にも非常に近いといえる。そうしたことをふまえ，大樹工場長の内田幸生氏は，「少なくとも北海道内の工場の従業員であれば，こうした感覚を自然にもつようになるのではないか」と述べている[15]。

　第2の意味は，製品の品質を確保するためには，工場内の衛生管理を確実に行うことが非常に重要だというものである。つまり，工場の現場に存在する「もったいない」という考え方は，牛乳や乳製品の製造後，工場の床やライン内，タンク内に生乳が残存することは衛生的ではなく，そうした箇所に

図表6-5　従来指摘されてきた事実と調査より明らかになった事実

	従来指摘されてきた事実	調査より明らかになった事実
1	社内基準を満たしていない脱脂粉乳を再利用した	問題となった脱脂粉乳は社内基準を満たしていた
2	八雲事件も今回の事件も黄色ブドウ球菌が原因であり，雪印は同種の食中毒事件を2回も起こしている	八雲事件では製品中に黄色ブドウ球菌が存在していたが，今回の事件では黄色ブドウ球菌が存在していないため，八雲事件と今回の事件は異なっている
3	黄色ブドウ球菌からエンテロトキシンが産生するという事実は教科書レベルの知識であった	エンテロトキシンを検出することは当時は非常に困難であった
4	工場現場では，利益優先主義に基づき行動していた	工場現場では，「もったいない」という考え方が存在していた

15) 2005年4月22日の大樹工場におけるインタビュー調査に基づく。

一滴たりとも生乳を残してはいけないということを説いている。

そして，第3の意味は，第1の意味，第2の意味の観点から「もったいない」を実践すれば，結果的にそうした行為は会社の利益にもつながるというものである。雪印にとって，生乳は大半の製品の原料であることから，原料をできる限り無駄にしないようにすればするほど，必然的に利益も大きくなるといえる。だから「もったいない」ことをしてはいけないというわけである。

つまり，雪印の現場において支配的である「もったいない」という考え方は，どちらかといえば，現場の従業員たちの生乳に対する愛着から生じるものとしてとらえることができる。そして，このような現場の感覚は，従来の雪印に対するイメージである，杜撰な品質管理や利益優先主義的な発想に基づく意思決定とは，いささか印象を異にするものだといえよう。

以上，本研究におけるインタビューを基にした調査によって4つの事実が明らかになった。従来指摘されてきた事実と，調査によって明らかになった事実との比較を図表6-5に整理して示す。

Ⅲ．新たな事実の整理：殺菌神話ともったいないパラダイム

1．殺菌神話

まず，前節で指摘した4つの事実のうち第1，第2，第3の3つの事実について，「手続きの神話化」というコンセプトによって整理を試みる。本書では「手続きの神話化」を「手続きが通用するための前提（必要な条件）を忘却し，いかなる状況においても，その手続きが通用すると認識すること」と定義する。

前述のように，雪印の脱脂粉乳製造出荷現場には，製品の安全性にかかわる作業として「殺菌作業」と「検査作業」という2つが存在していた。「殺菌作業」は，熱殺菌することにより細菌の数を削減する作業である。他方，「検査作業」は，製品中の細菌数が基準値以下であるかどうかを確認する作

業である。この作業は，細菌数が基準値以下であることが確認されれば安全性は担保されるという前提に基づいた作業であるといえる。

これら2つの作業を，細菌に着目して整理すると，「殺菌をすれば菌の数を削減でき，菌の数が少ないほど製品の安全性は高まる」とまとめることができる。この認識をさらに単純化すると，この2つの作業の解釈が3段論法のように組み合わさり，殺菌に係わる一連の手続きである「殺菌作業」と「検査作業」という2つの作業を確実に行えば，いかなる状況においても製品の安全性が100％担保されるという認識が生まれることになる（図表6-6）。この「殺菌作業と検査作業さえ確実に行っておけば製品の安全性はいかなる状況においても担保される」という認識が殺菌神話である[16]。

実際に，殺菌にかかわる一連の手続きは，正常なラインを前提としている場合には十分に製品の安全性を担保する方法である。そもそも搾乳したばかりの生乳中には黄色ブドウ球菌が存在しているが，この黄色ブドウ球菌は，熱殺菌までの製造工程において製造ラインの温度が適切に管理されていれば増殖することはない。そして，すでに述べたように，エンテロトキシンは黄色ブドウ球菌が増殖する際に産生されるため，黄色ブドウ球菌が増殖しない

図表6-6　殺菌神話の構図

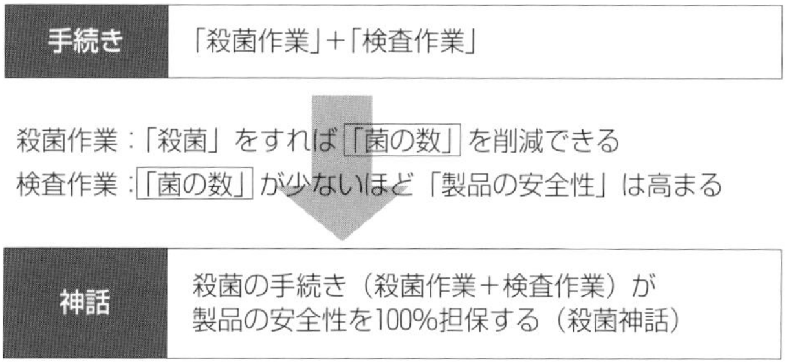

手続き	「殺菌作業」＋「検査作業」

殺菌作業：「殺菌」をすれば「菌の数」を削減できる
検査作業：「菌の数」が少ないほど「製品の安全性」は高まる

神話	殺菌の手続き（殺菌作業＋検査作業）が 製品の安全性を100％担保する（殺菌神話）

---

16) 2005年4月22日のインタビュー調査において，脱脂粉乳製造の現場に上述の認識が存在していたことが確認された。また，中尾（2005），日和佐（2005）では，殺菌神話を事故原因の1つとして指摘している。また，やまざき他（2004）では，加熱神話として紹介されている。

状態を保てば,エンテロトキシンが産生されることはない。エンテロトキシンが存在していない状態の生乳であるならば,「殺菌作業」によって製品中の黄色ブドウ球菌数を削減し,「検査作業」で確認しさえすれば,あとは消費者に届くまでの間の温度管理を確実に行えば食中毒が発生することはない[17]。

つまり,「殺菌作業」と「検査作業」という殺菌にかかわる一連の手続きによって製品の安全性が担保されるための前提条件が,搾乳から販売にいたる全工程における適切な温度管理である。しかしながら,今回のケースでは,想定外であった長時間の停電[18]によって,このような前提条件が満たされず,「殺菌作業」と「検査作業」さえ確実に行っておけば,製品の安全性はいかなる状況においても担保されるという認識が通用しない状況になってしまったのである[19]。すなわち,殺菌神話が崩壊してしまったのである。

2．もったいないパラダイム

次に,前節で指摘した第4の事実である「もったいない」という考え方を,作業パラダイムというコンセプトによって検討する。作業パラダイムとは現場の行動を規定する要因であり,ここでは「何が現場にとって最重要視すべき課題であるか」を表現したものと定義する。

---

17) 搾乳から販売にいたる全工程における適切な温度管理を行っていれば,基準を超えた脱脂粉乳を再利用しても安全性に関して問題はないことになる。
18) 停電に関してなぜ対応できなかったのかという批判も事故当時はあった。しかし,インタビュー調査の結果,「工場内の停電は落雷を原因とするものが一般的で,通常は5〜30分程度で回復する。この場合,冷やされていた乳が暖まるための十分な時間が無いため,エンテロトキシンが産生することは無い。しかし,今回の停電は5時間にもわたる長期間の停電であり,このような事態は想定していなかった」との回答を得た(2004年9月27日のインタビュー調査より)。
19) もし,殺菌の手続きが現場において重要視されていないとすれば,汚染された脱脂粉乳を4月10日に製造された脱脂粉乳に少量ずつ混ぜるという方法をとることも可能である。細菌数が基準値以下である脱脂粉乳に汚染された脱脂粉乳を混入させるため,この方法によっても,全体としては細菌数を減らすことができるからである。しかし,このような方法をとらずに,基準値を超えた脱脂粉乳を溶解し再び殺菌工程を通したという事実は,社内に殺菌神話が存在していた傍証になると考えられる。

従来の解釈によれば，大樹工場の中では，何よりもまず利益を重要視した行動をとることが奨励されていたことになる。そのために，社内基準を超えた細菌が検出された製品を廃棄せず，少しでも利益を獲得するために再利用したと理解される。これは，「利益優先パラダイム」と呼ぶことができる[20]。

しかし，インタビュー調査によると，現場においては「利益優先」ではなく，「もったいない」という考え方に基づく行動様式が支配的であったとの回答が得られた。これは，「もったいないパラダイム」と呼ぶことができる。この「もったいないパラダイム」のもとでは，現場において，生乳に愛着をもち，無駄にしないような行動をとることが奨励される。合理的な利益計算によって製品を廃棄しなかったというよりは，より感覚的な「申し訳なさ」によって製品を廃棄しなかったのである。

筆者は，現場における作業パラダイムが，「利益優先パラダイム」ではなかったことを主張したいわけではない。重要なのは，「利益優先パラダイム」でなくとも，脱脂粉乳の再利用という行動がとられる可能性があるという点である。「もったいない」という原料に愛着をもった作業パラダイムに基づく行動であっても事故が引き起こされうることを考えると，「利益優先主義」が事件の主原因であるという解釈は必ずしも正確ではないといえる。

3．雪印乳業集団食中毒事件の発生メカニズム：本研究の視点

以上の分析をふまえ，分析より明らかになった雪印乳業集団食中毒事件の発生メカニズムを図表6-7に示す。

従来の解釈に基づく発生メカニズムでは，「利益優先パラダイム」が存在し，利益を優先するために，相対的に品質が軽視されることになる。その結果，事故が引き起こされることになる。また，八雲事件と同様の事故を引き起こしてしまったため，過去の教訓を忘却したとの批判を受けている。

他方，新たな解釈に基づく発生メカニズムでは，現場においては，「利益

---

20) 厳密にいえば，工場内においての作業パラダイムとしては「コスト（削減）優先パラダイム」と呼ぶ方が適切かもしれない。

図表6-7　雪印乳業集団食中毒事件の発生メカニズム：本研究の視点

```
                            ┌─────────────┐
                            │想定外の長時間│
                            │の停電        │
                            └──────┬──────┘
                                   │
          ┌──────────────────┐     │
          │   殺菌神話        │     │      ★★★
          │ 最終的に熱殺菌・検査す├────→  事故
   強化   │ ることで安全性を担保│            ★★★
    ┌────→└──────────────────┘
    │           │ 適合
    │           ↓
┌────────┐ ┌────────────┐
│「八雲事件」│ │もったいない│
│の経験    │ │パラダイム  │
│熱殺菌の不徹底が│ │原料を無駄にする│
│事故を引き起こした│ │ことは申し訳ない│
└────────┘ └────────────┘
```

優先パラダイム」ではなく，「もったいないパラダイム」が存在している。そして，熱殺菌と検査をすることで必ず製品の安全性が担保できるという「殺菌神話」が存在していた。これら「もったいないパラダイム」と「殺菌神話」は相互補完的に作用する。つまり，原料を無駄にすることは許されず，かつ，最終的に熱殺菌することで製品の安全性を担保できるのであるから，たとえ基準値以上の細菌を含む脱脂粉乳であっても，再熱処理を経て再利用することは合理的な意思決定となる。しかしながら，今回は，製品の安全性を担保する大前提となる，適正な温度管理がなされなかったために，事故が引き起こされたのである。

　また，八雲事件以降の現場における検査体制の充実をみると，八雲事件から雪印が得た教訓は「製品の安全性が何よりも重要である」という一般的・抽象的教訓ではなく，「熱殺菌の徹底こそ事故の回避を可能にする」という個別的・具体的内容であったと考えるのが適切であろう。したがって，八雲事件の経験は忘却されたのではなく，むしろ八雲事件の経験が殺菌神話を強化する方向に作用したのである。

Ⅳ．小括

　先行研究における企業事故発生メカニズムは，「利益優先パラダイム」⇒「安全性軽視」⇒「事故」として描かれている。つまり，利益を優先する組織文化が存在し，それを原因として，現場が安全性軽視に陥り，事故が発生したという構図である。

　他方，本書で提示する企業事故発生メカニズムは，直接的には，「八雲事件の経験」⇒「殺菌神話」⇒「事故」として描かれる。組織的背景に相当する「もったいないパラダイム」は直接の原因としては考慮せず，八雲事件という組織の経験が殺菌神話の強化につながり，事故を引き起こす要因になっていたととらえるのである。第4章で提示した問いに答えるならば，なぜ，当事者は安全だと考えたかというと，それは，殺菌神話が存在していたからだということになる。

第7章

手続きの神話化と作業パラダイム

　第6章において，企業事故発生メカニズムの分析を行い，従来の「利益優先パラダイム」と「安全性軽視」を中心とした企業事故発生メカニズムとは異なり，「殺菌神話」を中心とした新たな企業事故発生メカニズムを提示した。

　本章では，事例研究より析出された「殺菌神話」と「もったいないパラダイム」を基に，手続きの神話化と作業パラダイムについて検討する。第1節では手続きの神話化の検討，特に，神話のダイナミクス(生成・強化・崩壊・解体)について試論的検討を行う。第2節では，「もったいないパラダイム」と「利益優先パラダイム」を比較しながら，作業パラダイムについて検討する。

Ⅰ．手続きの神話化の検討

1．神話概念

(1) 手続きの神話化の定義

　本項ではまず，手続きの神話化に関連する概念の規定を行う。まず手続きとは，「特定の目標を達成するための作業」のことを指す。次に，神話とは，「比喩的に，根拠もないのに絶対的なものと信じられている事柄」とされる[1]。

---

[1] 新村編（2008）『広辞苑　第6版』岩波書店より。

図表7-1 通常の手続き，神話化した手続き，神話の崩壊の関係

```
┌──────────────┐  No   ┌──────────────┐
│ 手続きの前提条件を │──────→│  通常の手続き  │
│ 忘却しているか   │       └──────────────┘
└──────┬───────┘
       │Yes
       ↓
┌──────────────┐  No   ┌──────────────┐
│ 手続きの前提条件 │──────→│ 神話化した手続き │
│ を逸脱したか    │       │ （神話の維持）  │
└──────┬───────┘       └──────────────┘
       │Yes
       ↓
              ┌──────────────────────┐
              │ 神話化した手続きの崩壊      │
              │ （神話の崩壊：事故発生）    │
              └──────────────────────┘
```

これをうけ，手続きの神話化とは，「手続きが通用するための前提（必要な条件）を忘却し，いかなる状況においても，その手続きが通用すると認識すること」と定義する。手続きが神話化することにより，特定の神話が生成される。例えば具体例をあげると，殺菌神話とは，「殺菌作業と検査作業さえ確実に行っておけば製品の安全性はいかなる状況においても担保されるという認識」である。そしてこのような認識をもつ手続きのことを「神話化した手続き」と呼ぶ[2]。

そして，「神話の崩壊」とは，上記の認識が通用しなくなることを指し，手続きとして通用する前提条件を逸脱し，手続きの目的を達成できなかったという事実によって生じる。つまり，何らかの事故が発生したことを意味する（図表7-1）。

（2）手段と評価の神話化

さて，殺菌神話とは，殺菌作業と検査作業との2つの作業から構成される手続きである[3]。殺菌作業とは，加熱することにより，細菌の数を削減する作業のことであり，他方，検査作業とは，細菌数が基準値以下であるかどう

---

[2] 航空業界や鉄道業界において，事故が起きると「事故が起きないという信頼感が失われた」というコンテクストで「安全神話崩壊」という用語が用いられる。しかし，これは，組織や製品・サービスに対するステイクホルダーからの信頼を意味しており，安全を保証するための具体的な「手続き」に対する組織内部からの信頼ではないため，本研究で提示する神話概念とは異なる。
[3] 詳細は第6章第3節を参照。

第7章　手続きの神話化と作業パラダイム

図表7-2　手続きの神話化の類型

		手段	
		通常の手続き	神話化
評価（結果）	通常の手続き	通常の手続き	特定の手段さえしっかり実行していれば問題ない ⇒手段の神話化
	神話化	結果さえ良ければ問題ない ⇒評価の神話化	特定の手段をしっかり実行し，かつ，結果が良ければ問題ない ⇒手段・評価の神話化

かを確認する作業のことを指す。

2つの作業をまとめれば，殺菌作業によって菌の数を削減し，検査作業によって，削減した菌の数が基準値以下か否かを確認していることになる。したがって，この2つの作業の関係性は，殺菌作業という「手段」が，当初の目標を達成しているか否かという結果を，検査作業によって「評価」するという関係性としてとらえることができる。

このように，安全にかかわる手続きの多くは，「手段」と「評価」という2つの作業のいずれか，もしくは両方によって構成されている（図表7-2）。図表7-2にしたがって検討すると，通常の手続きが神話化する類型は，以下の3つに分類できる。第1に，手段的な作業が神話化する場合であり，手段さえしっかり実行していれば問題ないと考えることである。第2に，評価的な作業が神話化する場合であり，評価した結果さえ良ければ問題ないと考えることである。第3に，手段的な作業と評価的な作業が神話化する場合であり，手段を確実に実行し，かつ，評価した結果が良ければ問題ないと考えることであり，殺菌神話はこのタイプに属することになる。

2．神話のダイナミクス

神話に関する議論を展開するためには，組織における神話のダイナミクスを想定し，そのダイナミクスにしたがって検討することが適切であろう。組織における手続きの神話化が事故を引き起こすダイナミクスは，神話の生成，

図表7-3　神話のダイナミクス

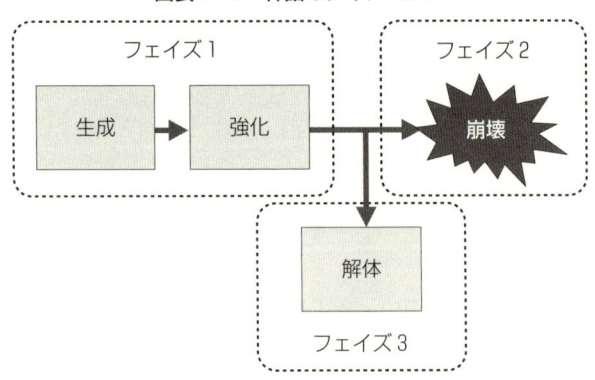

神話の強化，神話の崩壊として考えることが可能である。また，事故を引き起こす以前に当該手続きが神話化していることに気付くことは，神話の解体としてとらえることが可能である。

ここでは，フェイズ1として，生成と強化，フェイズ2として崩壊，フェイズ3として解体を位置付け，フェイズごとに検討を行う（図表7-3）。なお，神話化は組織の中で徐々に共有化されるプロセスであり，神話の生成の瞬間を具体的に特定することは困難である。したがって，本書では生成と強化を同じフェイズにまとめて同一フェイズとして考察する

以下では，図表7-3に示したフェイズにしたがい，議論を展開する。

（1）フェイズ1：神話の生成・強化

まず，神話の生成・強化について検討する。手続きの神話化の定義をもう一度確認すると，「手続きが通用するための前提（必要な条件）を忘却し，いかなる状況においても，その手続きが通用すると認識すること」である。これは，その手続きが目的を達成するための必要条件であるにもかかわらず，必要十分条件であると位置付けてしまうことを意味している。このような状況を生み出す要因としては，①手続きの信頼性が高まること，②手続きの前提条件の暗黙化を考えることができる。

①の手続きの信頼性が高まる要因としては，以下の3点を指摘することが

第7章　手続きの神話化と作業パラダイム

できる。

　第1に，手続きが継続的に目的を達成していることである。当たり前のようにみえるかもしれないが，手続きが目的を達成している状態が継続されれば，その手続きの信頼性は高まる。

　第2に，その手続きの不在が事故を引き起こすことである。その手続きが適切に行われなかったことにより問題が発生すれば，その手続きの重要性が認識される。例えば，殺菌の手続きが適切ではなかったために事故が引き起こされた経験があれば，殺菌の手続きの重要性が浮き彫りになる。雪印は今回の事故の45年前の1955年に黄色ブドウ球菌による食中毒（八雲事件）を引き起こしている[4]。この食中毒の経験により，黄色ブドウ球菌に対して，厳しい基準を設定した上での殺菌・検査を徹底的に行う体制が構築されたのである。しかし，この殺菌・検査の手続きの重要性の認識が，殺菌・検査の手続きさえ確実に行っていれば事故は引き起こされないという認識に変容する可能性を生み出した。

　第3に，手続きの厳格化である。特に検査を伴う手続きの場合，業界標準より厳格な数値を設定することが多い。その場合，業界の標準より厳格な数値を設定していることにより，その手続き自身の信頼性が高くなる。

　②の手続きが通用するための前提条件の暗黙化の要因としては，以下の2点を指摘することができる。

　第1に，手続きが通用するための前提条件の忘却である。これは当該条件に関する知識の引き継ぎが適切に行われなかったことによって発生する。より具体的には，経年変化や体制変更による場合が多いと考えられる。例えば，手続きを確立した当初はその手続きが必要とする条件を認識していたとしても，その条件を認識している従業員が退職し，引き継ぎが適切に行われなければ，ときが経つにつれて条件を認識している従業員が存在しなくなる可能性がある。また，生産体制の縮小や組織の体制変更により，手続きに必要な

---

4)　詳細は第5章第5節を参照。

図表7-4　神話の生成・強化の要因

神話の生成・強化
①手続きの信頼性が高まる 　・手続きが継続的に目的を達成している 　・手続きの不在が事故を引き起こす 　・手続きが厳格化する
②手続きが通用するための条件の暗黙化 　・手続きが必要とする条件の忘却 　・手続き自体の暗黙化

条件を認識している従業員が異動してしまい，新たにその手続きにかかわる従業員にその条件が伝わっていない可能性もある。

　第2に，手続き自体の暗黙化である。これは，手続きの特定の部分が強調されることにより，手続き自体が暗黙化することを指す。それに伴って前提とする条件も暗黙化してしまう。代表的なものとしては，手続きをメタファーで理解することであろう。メタファーは，あるものをシンボルとして思い描くことによって，別のものを知覚したり直感的に理解する方法である（野中・竹内，1996，p.99）。

　例えば，雪印でのインタビュー調査に際し，殺菌作業について「菌を叩く」という表現で説明を受けた。この表現は，雪印以外の企業の現場においても用いられていた。一般に現場では，殺菌作業を「叩く」というメタファーでとらえているようである。しかし，「叩く」というメタファーには，悪いモノを根絶するイメージがあり，この用語から細菌が毒素を産生するという事実を想定するのは困難であろう。このように，メタファーがジャーゴン（専門語，業界用語）になっている場合，メタファーのみが強調され，その背後にある前提が忘却される可能性がある。

　また，手続きの達成状況が数値によって表現される場合，その数値が強調されることで，数値をよりどころとしてしまい，その数値が手続きの達成状況を示すために必要な暗黙の条件を無視させてしまう可能性がある。

　以上，神話の生成・強化の要因について検討を行った。検討の結果，明ら

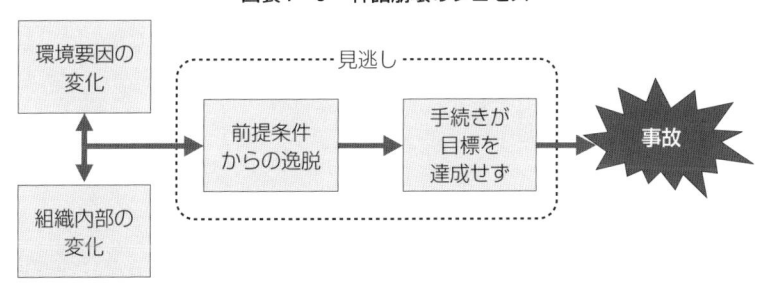

第7章　手続きの神話化と作業パラダイム

図表7-5　神話崩壊のプロセス

```
┌─────────┐       ┌─── 見逃し ───┐
│ 環境要因の │       ┊              ┊
│   変化    │──┐   ┊ ┌──────┐ ┌──────┐ ┊   ┌────┐
└─────────┘  ├──→┊ │前提条件│→│手続きが│ ┊──→│事故│
     ↕       │   ┊ │からの逸脱│ │目標を  │ ┊   └────┘
┌─────────┐  │   ┊ └──────┘ │達成せず│ ┊
│ 組織内部の │──┘   ┊          └──────┘ ┊
│   変化    │       └────────────────┘
└─────────┘
```

かになった要因を図表7-4に提示する。

(2) フェイズ2：神話の崩壊

次に，神話の崩壊について検討を行う。神話の崩壊の定義を確認すると，「手続きが通用するための前提条件を逸脱し，手続きの目的を達成できなかった事実により，神話の認識が変容すること」である。つまり，何らかの事故が発生したことを意味する。手続きが通用するための前提条件を逸脱してしまうことは，以下の3つの要因が重なることによって生じると考えられる。

第1に，環境要因の変化である。これは，例えば突発的なインシデントの発生である。本書で示した雪印の事例でいえば，配電盤室への氷塊の落下をきっかけとした長時間の停電であろう。このような外部環境の変化の具体的な例は，天候の変化をきっかけとするものが多いと考えられる。

第2に，組織内部の変化である。これは，経年変化による工場設備の劣化，新工場の建設，従来の生産体制の変更などといったことにより，従来暗黙的に成立していた前提条件から逸脱することが考えられる。

もちろん，環境要因の変化と組織内部の変化が同時並行的に起こることも想定できる。典型的には，生産の海外展開を行う場合である。この場合，未体験の気候のもとで新しく工場を建設することになる。環境も組織も変化するため，国内では暗黙的に成立していた条件から逸脱する可能性が非常に高い[5]。

第3に，上記に示した環境要因の変化や，組織内部の変化を見逃すことで

---

[5] ただ，実際に海外に生産拠点を移管する場合には，手続きを大幅に見直すことが一般的であると考えられる。詳しくは第8章第3節を参照。

ある。環境要因の変化や組織内部の変化が，手続きが成立する暗黙の前提条件を逸脱し，手続きが当初の目標を達成しないことを見過ごしてしまうことにより，事故が発生することになる（図表7-5）。

（3）フェイズ3：神話の解体

最後に，神話の解体について検討を行う。神話の解体とは，「事故を伴わない暗黙の前提の顕在化」である。したがって，神話を解体することは事故防止策となる。このためには，手続きが当初の目的を達成するための前提を問い直すことが主な作業となる。雪印の事例に基づけば，事故が起こる前に「殺菌手続きが製品の安全性を保証するための条件とは何か」を再検討していれば，「製造ラインの温度管理が適正であること」，もしくは「製造ライン中，あるいは工場までの搬入プロセスで菌が毒素を産生しないこと」が前提条件であることが明らかになった可能性がある

ただ，「いかなる条件下においても当初の目的を達成する手続き」というのは存在しない。むしろ，手続きが当初の目的を達成するための前提条件は，細かく分類すれば無限に存在するだろう。上記雪印の事例の前提条件も事故が起きたからこそ明らかになったのであり，実際には，事故が起きる以前にこの前提に気付くことは容易ではないと考えられる。そのため，神話の解体は事実上不可能であるという立場を取ることも可能である。ただ，事故を完全に防止することは不可能であっても，事故防止の可能性を高めるという点では，神話の解体について検討することは意味があると考えられる。

試論的ではあるが，神話の解体に関して有用であろうアプローチとして，回顧的アプローチに基づくシミュレーションを提示したい。これは，未来に事故が起こる可能性を検討するのではなく，事故が引き起こされたと仮定して，その事故が引き起こされるシナリオを多面的に検討することである。例えば，雪印の事例でいえば，食中毒が引き起こされたと仮定して，どのようなシナリオが考えられ，どのような原因が考えられるのかを検討することになる。このアプローチの根拠はワイク（1997）の指摘に基づいている。

ワイク（1997）では，ある事象について，その事象を過去においた場合

第7章　手続きの神話化と作業パラダイム

（すでに起こった出来事）と，未来に置いた場合（これから起こる出来事）では，前者のほうがより豊かに記述できることを指摘している。

　具体的には，2つのグループを対象にした実験で，特定の場所で発生する自動車事故を，①「すでに起きた」として，その出来事について記述するグループと，②「これから起きる」として，その出来事について記述するグループでは，①のグループのほうがはるかに詳細に記述でき，②のグループは極めて一般的な描写に留まる事が示されている（ワイク，1997, pp.252-256）。①のグループは，事故が起きたと仮定し，その事故の内容を思い出すように想像する。これは，前述した回顧的アプローチに相当する。

　この理由について，ワイクは憶測としながら以下のように述べている。

　　XがYを引き起こすという言明を考えてみよう。XとYとの関係について質問するとしたとき，2つの問いが可能だ：Xがあって，あなたは何を期待するか？　あるいはYがあって，それがどのようにして生じたか？　このうち，「あなたは何を期待するか？」という問いはより難しいようだ。何故か？　何を期待するかと尋ねられたとき，あなたはまず第1に，なんらかの結果と（あなたがそれを生じたいと欲する）時点を決め，次にそこにいたるだろうまでの妥当な歴史を書かなければならない。「何が起こるだろうか？」と尋ねられたときは，起こったであろう事故をイメージしうるときに限り答えられるのだ。そうするためには，あなたは，まだ定まらない何ものかを記述しようとしながら，将来のある特定の時点にその事故を置かねばならない。こうした二重の圧力の結果，わけのわからない，大雑把なレポートとなる。結果についての歴史が書かれるような何か安定したものがない限り何も考えが固まらないのだ。

　ひるがえって，既に起こった事故とその事象について過去時制で考えているレポーターがいるとしよう。彼は時点の問題にあまり頭を悩まさない。事故が起こったと言うことを聞いたとき，彼は，その事象を一定時点のものとして扱い，その結果を生じせしめた歴史を書くべくその時点からさか

のぼればよい[6]。　　　　　　　　　　　　　　　（ワイク，1997，pp.255-256）

（4）神話の生成・強化フェイズと神話の崩壊フェイズからの示唆

　フェイズ3の神話の解体に注目し，事故防止の可能性を高めるために神話を直接解体することを目的とした検討につづいて，ここでは前述の神話の生成・強化のフェイズと神話の崩壊のフェイズの考察から得られる知見について検討する。

　第1に，神話の生成・強化フェイズからは，そもそも神話を生成・強化させないことが必要であることが明らかとなる。そのためにはわかりやすい手続きの構築・維持が重要であることが指摘できる。つまり，前提が暗黙化されないような工夫が必要となる。野中・竹内（1996）では，日本企業は暗黙知を重視してきたことが指摘されている[7]。しかし，これらの暗黙知を形式知化しないまま，経験共有に基づく暗黙知の伝承を行っていると，手続きが成立する際に必要な暗黙の前提が抜け落ちてしまう可能性が存在する。

　第2に，神話の崩壊フェイズからは，神話の崩壊にいち早く気付くことが必要であることが明らかとなる。したがって，環境要因の変化と組織内部の変化から生じる前提条件の逸脱を見逃さないことが重要であろう。このためには，異常事態へのセンシティビティ（感度）を高めることが必要となる。雪印の事例であれば，想定外の長期間の停電に対し，異常事態と認識せず，通常のルーチンに基づき作業を行っていたが，この長時間の停電に対し，異常事態であるという認識があれば事故が防げた可能性がある。例えば，ワイク・サトクリフ（2002，p.44）に以下のような記述がある。

6）　傍点筆者。
7）　暗黙知とは，特定状況に関する個人的な知識であり，他人に伝達して共有化することが困難な知識であり，主観に基づく洞察，直感，勘などに基づく知識を指す。他方，形式知は，形式的・論理的言語によって伝達できる知識であり，厳密なデータ，方程式，明示化された手続き，普遍的な原則などに基づく知識を指す（野中・竹内，1996，p.8）。

戦闘機を着艦させる作業にかかわるものたちは，つねに対話と確認を繰り返しており，それが複数の異なった経路で同時に進行している。このような言葉のやり取りを外部の人間が聞けば，最初は内容がほとんどないばかりか，筋も通っていないと思うだろうが，そのうちにわかってくる。経験豊かなベテランクルーたちは，『聞く』というよりも逸脱することがないかチェックすることのほうが多い。通常起きるはずのことから少しでもズレれば，彼らは即座に反応するのだ。安全第一の作業一つ一つについてこのように絶えず情報交換を行うのは，重要な要素が抜け落ちていないか全員で目を光らせ，問題の発生を未然に防ぐためである[8]。

何が通常で何が異常であるのかを認識するセンシティビティを高めることは，手続きのもつ暗黙の前提に敏感になることを意味している。

3．手続きの神話化の位置付け

本章では，手続きの神話化という概念に注目して，企業事故発生のメカニズムについて検討を行ってきた。本節では，企業事故の先行研究にある概念のいくつかと本研究における手続きの神話化との比較を行い，手続きの神話化という概念の位置付けを試みる。

まず，ヒューマンエラー研究におけるアフォーダンス概念との比較を行う。

図表7-6　アフォーダンスと手続きの神話化の比較

	アフォーダンス	手続きの神話化
主張	環境のアフォーダンスを考慮する必要性	手続きの神話化を防止する必要性
焦点	機械に注目	手続きに注目
対象	人と機械	人と手続き
方策	わかりやすい環境の設計	わかりやすい手続きの設計

---

[8]　傍点筆者。

図表 7-7 技術的逸脱の標準化と手続きの神話化の比較

	技術的逸脱の標準化	手続きの神話化
概要	技術のリスク受容性が高まっていく	状況が変化する可能性を忘却し，特定の手続きに固執
焦点	組織と手続きの関連性に注目	
事故の原因	組織のリスク認識の変化	手続きの前提の忘却
該当事例	チャレンジャー号事件	雪印乳業集団食中毒事件
変化要因	リスク受容性	環境要因
特徴	事故が発生すると原因が比較的容易に判断できる	事故が発生してもその原因が容易には判断できない

アフォーダンスの主張は環境のアフォーダンスを考慮する必要性であり，そこで注目されているのは，人の操作ではなく，環境のデザインである。最終的な目的を達成するための方策は，わかりやすく，操作しやすい環境のデザイン設計である。

他方，手続きの神話化の主張は，手続きの神話化を防止する必要性を展開する。そこでは，手続きの特性に焦点が当てられる。最終的な目的はわかりやすい手続きの設計となる。以上をまとめると，図表7-6のようになる。

次に，Vaughan（1996）が提示した技術的逸脱の標準化との比較である（図表7-7）。技術的逸脱の標準化は，設計基準を満たしていない逸脱に対するリスク受容性が高まっていくことである。そして，組織のリスク受容性が高まるにつれて，手続きの通用する範囲が拡張していき，最終的に限界を超えてしまい事故が発生する。

したがって，事故が発生した場合，手続きの通用する範囲を拡張してアクションを起こしているという認識があることから，その原因は比較的容易に判断できることが多いと考えられる。

冒頭のラクダの事例でいえば，ラクダの負荷量に対するリスク受容性が高まり，積載する藁の重量をどんどん増やし，結果としてラクダが倒れるイメージである。

他方，手続きの神話化は，状況が変化する可能性を忘却し，特定の手続きに固執することをきっかけとする。事故の原因は手続きの前提の忘却であり，基本的には突発的なインシデントによって事故が発生する。

すなわち，組織としては手続きを重要視し，特定の手続きに固執しすぎた故に事故を引き起こしていることになる。したがって，何かを変更したという意識が薄く，事故が発生してもその原因が容易には判断できないことが多いと考えられる。

冒頭のラクダの事例でいえば，いつも5袋の藁を積載できていたので，当日の湿度の高さに気付かず通常通りの藁を積み，結果としてラクダが倒れるイメージである。

4．他の神話の試論的検討

以上のように神話をとらえた場合，神話は広く浸透している可能性が存在する。「殺菌神話」は，安全にかかわる手続きであり，自然科学の分野では生物学の範疇である。これ以外にも他の関連分野としては物理学，化学が存在し，それぞれ，「アース神話」，「中和神話」といった神話が存在する可能性がある。

例えば，「貯蔵神話」がある。2000年8月の日本油脂株式会社の愛知武豊工場において，貯蔵していた無煙火薬が爆発するという事故が発生した。調査の結果，事故は，古い無煙火薬が自己分解と呼ばれる化学反応によって劣化し，自然発火，そして爆発を引き起こしたことが原因であることが判明した。この事例では，火薬を4年以上保管していたこと，火薬が劣化を起こしやすい種類だったこと，窓から差し込んでくる西日が当たっていたこと，事故の起こる前の何日間かは雨が降らなかったことなどの条件が引き金になった。

この事故に対して，「貯蔵中の無煙火薬は燃えることはあっても爆発はしない」という認識が現場において存在したことが指摘されている[9]。これは，

---

9) 『日経ビジネス』2001年1月15日号，pp.113-115。

「貯蔵神話」としてとらえることが可能である。つまり,「貯蔵しておけば問題ない,安全だ」という認識が現場において存在しており,その前提条件が認識されなかったことが事故の原因と解釈することが可能なのである。

Ⅱ．作業パラダイムの検討

　本書で提示する企業事故発生メカニズムは,前述の手続きの神話化が中心となる。そのため,企業事故発生メカニズムを考察する際には,作業パラダイムはあまり重要ではないと考えられるかもしれない。しかし,企業事故を防止する対応策を講じる際には作業パラダイム,中でも利益優先パラダイムともったいないパラダイムが重要となるため,主に企業事故防止の観点からこの検討を行う。

1．利益優先パラダイムともったいないパラダイム
（1）両パラダイム浸透の効果の比較
　まず「もったいないパラダイム」であるが,そもそも,「もったい」とは,「物体（勿体）」のことで,物の本来あるべき姿,「本体」の意味を表す。また,「ない」はその否定語である。つまり,「もったいない」とは,「その物本来の価値が生かされず,無駄になることが惜しい」という意味である。そのもの本来の価値を生かすことを意識する考え方だと理解することができる（図表7-8）。

　また,「もったいない」という概念は,日本企業の中で使われるというよ

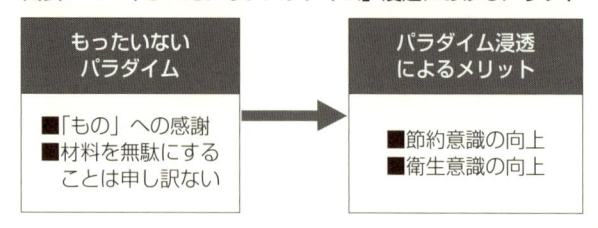

図表7-8　「もったいないパラダイム」浸透におけるメリット

もったいない パラダイム	パラダイム浸透 によるメリット
■「もの」への感謝 ■材料を無駄にすることは申し訳ない	■節約意識の向上 ■衛生意識の向上

りは，日本独自の概念といえる。例えば，2004年のノーベル平和賞受賞者であり，元ケニア環境副大臣である故ワンガリ・マータイ氏（Maathai, W.）は「もったいない」を「MOTTAINAI」[10]として提唱しており，「もったいない」という言葉は世界的に広まりつつある[11]。マータイ（2005）では，「もったいない」に該当する言葉はアジアの国々にはごく普通にあるものの，英語にだけは訳しにくく，無理に訳すと「経済的ではない」という言葉に収斂してしまうと述べられている。

したがって，「もったいないパラダイム」とは，「ものに愛着をもち，原料を無駄なく使い切るという考え方」ということになる[12]。大樹工場におけるインタビューにおいても，「生乳に愛着をもつこと，生乳を無駄にすることは申し訳ない」という考えであるとの回答を得た。

このパラダイムを浸透させる効果を製造現場の視点からとらえれば，以下の2つの意識の向上を狙っていると考えることができる。

第1に，節約意識の向上である。原料を無駄なく使い切るという考え方は，節約意識の向上に貢献するであろう。雪印の事例であれば，生産ラインの稼働率の向上，廃棄物の削減，不良製品発生率の削減といった活動を促進する[13]。

第2に，衛生意識の向上である。雪印の事例で確認したように，原料を生

---

10) マータイ（2005）によれば，「MOTTAINAI」は消費削減（reduce），再利用（reuse），資源再利用（recycle），修理（repair）という4つのRを表現するという。
11) 故マータイ氏は2005年2月に来日した際に「もったいない」という言葉を知って感銘を受け世界に広めようと決意したという（マータイ，2005）。その後，2005年3月7日の国連「女性の地位委員会」閣僚級会合で日本語の「もったいない」を環境保護の合言葉として紹介し，会議の参加者とともに唱和した。
12) 本書では考察しないが，「もったいない」という言葉は，主に特定の意思決定を否定する文脈で用いられることは興味深い。ある意思決定をする際に，「それはもったいないから，やめよう」というように，当該意思決定を否定する際に用いられることが多いと考えられる。これは，後述する利益優先パラダイムとは異なる点である。
13) 厳密にいえば，もったいないパラダイムがもたらす節約意識は，コスト意識とは若干異なると考えられる。原料を無駄なく使うことが必ずしもコスト低減につながらない可能性が存在するためである。

産プロセス中に残さないということは衛生意識の向上に貢献する。さらに，原料そのものを汚染してしまうことを防ぐことにもつながるであろう。

他方，利益優先主義とは，「利益の獲得が最重要視されること」であり，「利益優先パラダイム」とは，「利益の最大化を重要視する」考え方となる。このパラダイムのもとにある現場では，多くの意思決定のプロセスにおいて，「それは利益に貢献するかどうか」という観点から議論がなされていることを意味する。このパラダイムを浸透させる効果を製造現場の視点からとらえれば，コスト削減を意識することと，与えられた生産計画（ノルマ）を意識することを狙ったものとなる[14]。この意識が浸透することによって，工場現場の生産性が向上し，ひいては組織全体の利益に貢献することになる。

(2) 両パラダイムの浸透プロセスの特徴

次に，この「もったいないパラダイム」が浸透するプロセスの特徴について「利益優先パラダイム」と比較する形で検討する。「もったいないパラダイム」の浸透プロセスの特徴としては，以下の2点をあげることができる。

第1に，「高い親和性」である。製造業の現場は，原料を製品に加工することが主な作業となる。さらに，現場では，アウトプットを最大にするという発想ではなく，アウトプットを一定にした際のインプットを最小化することを意識する。したがって，「もったいないパラダイム」は製造業の現場との親和性が非常に高いと考えられる[15]。また，原料を無駄なく使い切ることは，本質的に創意工夫を促すことや，知的達成感を生み出す。例えば，薄い鉄板を原材料とし，そこから缶詰のふたを作るために丸い型で型抜きする場合，配置を工夫して，できる限り多くの缶詰のふたを型抜くことを多くの人が試みるであろう。「もったいないパラダイム」は，この種の創意工夫を推奨する考え方でもある。

---

14) 一般に利益を最大化するためには「売上－費用」を最大化することになる。生産現場においては，売上は通常生産計画によって決定されている。そのため，売上を最大化するというよりは，生産計画を達成することが意識されるであろう。

15) 他方，営業部門，スタッフ部門といったホワイトカラーでは，「もったいないパラダイム」との親和性は比較的低いと考えられる。

第7章　手続きの神話化と作業パラダイム

　第2に,「高い納得性」である。そもそも「もったいない」という言葉は上述したとおり,日本独自のものであり,古くから教育において用いられてきた概念である。そのため,日本人にとって非常になじみ深い概念である。
　また,「もったいない」という概念は,「その物本来の価値が生かされず,無駄になるのが惜しい」という意味であり,コスト削減を本来の目的とはしていない。コスト削減はあくまで「もったいない」を追求した結果としてもたらされるものである。そのため,現場の従業員に対し,納得性が高く,教育として用いるのにも便利である。コスト削減や利益重視という考え方を教育されても,「誰かの得になる」という発想は素直に納得しがたいであろう。しかし,「資源を有効に使うこと」と教育されれば非常に納得しやすい。つまり,「皆の損になる」という発想である。以上の点から,日本の製造業の現場では教育のツールとして非常に効果的であったことが理解できる。
　他方,「利益優先パラダイム」は経営層の発想であり,文字通り利益と直接関連した考え方である。そのため,本社とのやりとりによって意識されることが多いと考えられる。したがって,工場長と現場の従業員を比較すると,工場長の方が「利益優先パラダイム」をもっている可能性が高い。これに対して,「もったいないパラダイム」は工場で実際に働く従業員がもっている

図表7-9　「利益優先パラダイム」と「もったいないパラダイム」

	利益優先パラダイム	もったいないパラダイム
内容	・利益を最大化する	・ものに愛着をもつ ・材料を無駄にしない
パラダイム浸透の効果	・コスト意識向上 ・ノルマ意識向上 ⇒生産性向上	・節約意識向上 ・衛生意識向上 ⇒生産性向上
パラダイム浸透プロセスの特徴	・利益と直接関連	・製造現場との親和性 ・教育の納得性
パラダイムの浸透場面	・経営層からの通達 　本社経営層⇒工場長	・現場の従業員教育 　現場従業員（経験者） 　⇒現場従業員（初心者）

可能性が高い。

このように考えると，管理層では「利益優先パラダイム」が支配的であり，現場の従業員は「もったいないパラダイム」が支配的であるという構図が想定できる。

(3) まとめ

以上，「利益優先パラダイム」と「もったいないパラダイム」の比較の整理を図表7-9に提示する。

この比較は，「利益優先パラダイム」と「もったいないパラダイム」で悪対善という構図を想定しているわけではない。本書では，「利益優先パラダイム」の倫理的な善悪を論じているものではない。本書で強調したいことは，2つのパラダイムが異なった文脈で使われていることである。

2．両パラダイムの等結果性

日本の製造業の現場では，「もったいない」という作業パラダイムが一般的であり，美徳としてとらえられてきたといえる。「もったいないパラダイム」に基づく行動が企業に与えるポジティブな側面としては生産性向上を指摘することができる。しかし，「もったいないパラダイム」を強調しすぎると，ネガティブな側面として，品質・安全性低下に陥ってしまう危険性もある。

これは，作業パラダイムが強調されすぎた結果として，問題を起こしてしまう，つまり，逆機能現象を起こしてしまうことを指す。一般的によく事故の原因として指摘される「利益優先パラダイム」ではなく，「もったいないパラダイム」を原因として事故が起こる可能性があるのである。

リーズン (1999) は，安全性と生産性のトレードオフ関係を指摘し，生産性を向上させることにより安全性が危険にさらされる組織の動態的な過程を提示している (図表7-10)。この図では，生産性を重視すれば大事故が起こり，安全性を重視しすぎると経営的に成り立たなくなる (破産) ことを示している。この原因として防護機能の削減が指摘されている。通常，企業の生

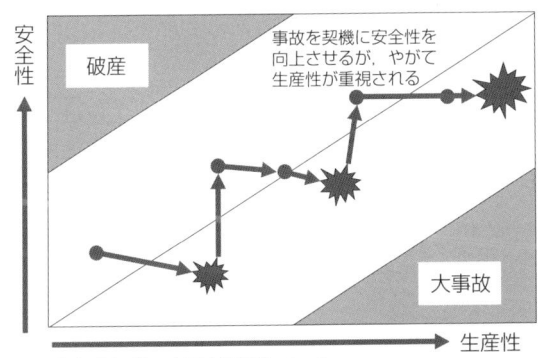

第7章　手続きの神話化と作業パラダイム

図表7-10　生産性と安全性

注：仮想的組織の変遷を図示している
出所：リーズン（1999）p.5-6の図表1.2, 1.3に基づき作成。

産工程においては，従業員の不安全行為が起こることを前提としたシステム作りをするが，生産性向上に伴い防護機能が削減され，以前であれば事故にいたらなかった小さなミスが大きな事故につながることを示している[16]。

このように，生産性を向上させることにより，安全性が低下するという前提をたてれば，「もったいないパラダイム」においても，「利益優先パラダイム」と同様に安全性が低下することになる[17]。すなわち，「もったいないパラダイム」と「利益優先パラダイム」は安全性低下という結果に対して等結果性をもつことになる（図表7-11）。

実際に，第6章において，雪印の大樹工場では「もったいないパラダイム」によって再利用が行われた可能性を指摘した。通常の製造ラインであれば，再利用したとしても製品の安全性に問題が生じる恐れはなかったが，この場合想定外の長期間にわたる停電が起きたために，生乳中にエンテロトキシンが産生し，事故を引き起こしたのである。リーズン（1999）が示すように，再利用によって生産性は向上する。しかし，その結果安全性は低下する

---

[16] リーズン（1999）では，事故の発生経緯を，潜在的な危険に対して防護層が幾重にも重なっているスイスチーズモデルを用いて説明している。
[17] 今回は雪印乳業集団食中毒事件を「不祥事」ではなく「事故」としてとらえている。「利益優先パラダイム」によって企業犯罪等の不祥事が起きる可能性があるが，本書では考慮していない。

図表7-11　もったいないパラダイムと利益優先パラダイムの等結果性

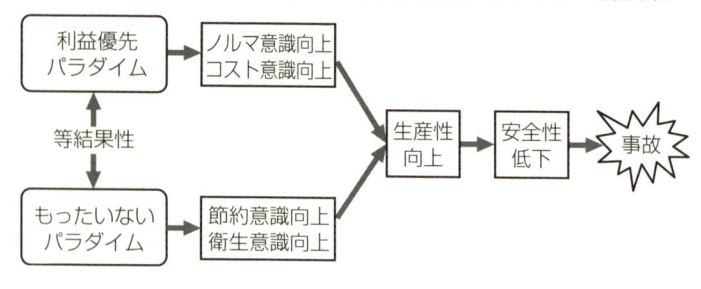

```
利益優先          ノルマ意識向上
パラダイム   →   コスト意識向上
                                    ↘
    ↕ 等結果性                        生産性   →   安全性   →   事故
                                    ↗   向上        低下
もったいない      節約意識向上
パラダイム   →   衛生意識向上
```

ことになった。

　また，雪印乳業集団食中毒事件以外に，同様に「もったいないパラダイム」が問題となった事例を以下に紹介する。

　　「残った給食牛乳『惜しい』と再配給」
　十勝管内士幌町学校給食センターが，2年間にわたり，同町内の学校給食でその日残った紙パック入り牛乳（200ミリリットル）を翌日再配給していたことが8日，分かった。給食センターは「廃棄するのはもったいないと思った」と話している。神野光男教育長が同日の町議会で報告し，陳謝。再配給はすでに中止されている。

　同町には小中学校計9校があり，毎日約650個のパック入り牛乳を給食で提供している。子供たちが手をつけずに牛乳が残った場合，給食センターは飲み残しの多い町中心部の3校についてのみ回収しており、一日平均で約40個に上る。

　2004年12月から，回収した牛乳を中心部の小学校に再配給するようになった。しかし，中心部だと再配給した牛乳が飲まれず再び回収対象になる可能性があるため，今年4月からはすべてその日のうちに校内で飲むようにしている郊外の小学校6校に回していた。このうちの一校で11月中旬，パックに他校の児童の名前が書かれた牛乳が配布されて，再配給が発覚した。

第7章 手続きの神話化と作業パラダイム

　給食センターは2年間の牛乳再配給で約52万円を節約，給食の材料費に充てていた。再配給した牛乳はいずれも賞味期限内で，飲んだ児童の健康に影響はないという。酪農地帯とあって，保護者の間には給食センターの対応に理解を示す声がある一方，一部からは「なぜ，ほかの子が残した牛乳を飲まなければならないのか」という批判も出ている。

　道教委は「給食は基本的にその日のうちに処理するもので、再配給は聞いたことがない」という。　　　　（「北海道新聞」2006年12月9日朝刊，p.34）

　この事例は，「もったいないパラダイム」を原因として引き起こされたと考えることができる。
　また，食品産業において製造年月日の改ざんが多く告発されている。一見するとこれらの原因として「利益優先パラダイム」が指摘されるかもしれない。しかし，これらの企業には現実に廃棄される食品をみて「もったいない」と感じた可能性も存在する。原料や製品に愛着をもっていたとすることでも，この行動は説明可能なのである。
　以上，現場において，「もったいないパラダイム」が存在していた可能性を指摘した。ただしこの可能性に対する反論として，「悪しき信念」[18]に基づく解釈を想定することも可能である。つまり，事故当時は「利益優先パラダイム」によって行動したが，事故が引き起こされた後に，我々は「もったいないパラダイム」にしたがって行動したと再解釈した可能性である。ただいずれにしてもすでに検討したように，「利益優先パラダイム」と「もったいないパラダイム」は安全性低下という結果に対して等結果性をもつ。強調したいことは，特定企業が「もったいないパラダイム」をもっていたか否かではなく，「もったいないパラダイム」であっても事故を起こす可能性があることである。

---

18) 悪しき信念とは，自己欺瞞（自己正当化）の1つであり，自由に選択した自己の行為の責任を他者に負わせる行為である（スチュアート，2001，pp.200-208）。

3．事故防止に関する含意

　本節では製造現場の考え方として，従来「利益優先パラダイム」としてとらえられてきた現場を「もったいないパラダイム」としてとらえ直して検討を行った。ここから事故防止に対する含意として，以下の3点を指摘することができる。

　第1に，「利益優先パラダイム」を基に事故を分析することは，効果的な事故防止にはつながらない可能性を示唆している。まず，「利益優先パラダイム」が事故の原因であるという解釈は，ほとんどの事故原因の解釈として当てはまるであろう。しかし，誤解を恐れずにいえば，どのような事故にも当てはまるということは何も説明していないに等しい。

　さらに，「もったいないパラダイム」と「利益優先パラダイム」は，安全性低下に関して等結果性をもつために，事故を引き起こした企業がどちらのパラダイムをもっていたのかを判断することは困難である。したがって，「利益重視だから事故は起こった」という批判が一般的になると，「まだ事故を起こしていない企業」が「うちの企業は利益重視ではない，日本の美徳である『もったいない』だから大丈夫だ」という理解をしてしまい，「もったいないパラダイム」のもつ安全性低下への等結果性に関して注意が払われなくなってしまう。したがって，事故を引き起こした企業を「利益重視である」と批判することは，実は，事故防止の観点からみると逆効果の可能性すらある。

　第2に，事故の起きた状況に関しての当事者の視点からの再解釈の必要性を示唆している。「利益優先パラダイム」と「もったいないパラダイム」のように，社外からみた視点と社内からみた視点が異なる現象は多いと考えられる。特に事故が起きた状況に関しては，多くは事後的に現象を解釈しがちである。例えば，従来，事故が起こると，安全性低下の具体的行動として現場における「手抜き」が原因とされていることが多い。さらに，これを引き合いにして，日本の製造業の強みがなくなってきたという指摘も受けている[19]。しかし実は，現場における「改善活動」が裏目にでた可能性も存在す

る[20]（村上，2000）。現実的に，手抜きには「サボろうと思って行う手抜き」と「良かれと思って行う（改善活動の一環として行う）手抜き」があり，両者を区別するのは困難であろう。

第3に，「もったいないパラダイム」であっても事故を引き起こす可能性を示唆している。「もったいない」という用語は一般的に用いられており，製造現場の従業員教育においても使われている。また，環境問題への意識の高まりに伴って「もったいない」という言葉が再び注目を集めるようになっている。「もったいない」という言葉自体は現場教育において非常に効果的かつ魅力的なフレーズであるが，安易に「もったいないパラダイム」を強調することは，安全性の低下を引き起こす可能性がある。

しかし，事故防止を目的として，安易に現場の管理を強化する方式をとることには注意が必要である。日本企業の製造業現場では「もったいないパラダイム」をうまく根付かせたことが，自発的な改善の促進や現場従業員の高いモチベーション維持につながり，長期的な成功を導いたと考えることができる。したがって，この考え方を「安全最優先」としてやめてしまったり，危険なものはすぐ廃棄してしまうという体制をとることは，現場における創意工夫のモチベーションを削ぐことにもつながりかねない[21]。安易に「もったいないパラダイム」を否定することなく，当該パラダイムが事故を引き起こす可能性を理解した上で，事故防止の方策を探ることが必要である。

4．他のパラダイムの試論的検討

本書では，雪印乳業の大樹工場を事例として取り上げており，製造現場における作業パラダイムの中でも「もったいないパラダイム」と「利益優先パ

---

19) 例えば，『日経ビジネス』（2005年4月25日号）では，「品質崩壊」という特集が組まれている。
20) 村上（2000）では，改善と手抜きが紙一重である可能性が指摘されている。
21) 筆者は，企業倫理の安易な制度化は，従来もっていた日本企業の強み（自主的な改善活動等）を失わせる可能性があると考えている。

ラダイム」を検討した。ただ，他の作業現場では，異なる作業パラダイムが存在している可能性が高い。試論的ではあるが，他の現場における作業パラダイムを推論してみたい。

　まず，製造現場と対比可能な現場としては，販売現場があげられる。その販売現場において，作業の際の優先順位はおそらく，顧客であろう。したがって，「顧客重視パラダイム」とでも呼ぶべきパラダイムが存在している可能性が高い。そして，このパラダイムも事故を引き起こす可能性が存在する。なぜなら，顧客の要望はしばしば便利さを求め，手続きの簡略化を要求する。その際，「顧客の要望にはできる限り対応すべきである」というパラダイムに基づき，安全性に関する手続きを省く可能性が存在する。さらに，顧客の要望に対応するあまり，現場に過度の負荷をかけ，その結果として事故が発生する可能性も存在する。そして，事故が起きてしまえば，「利益優先パラダイム」として解釈可能であり，事故を引き起こすという観点からは等結果性をもつことになる。

　また，専門職の現場では，その専門職の使命が強調されるあまり，結果として安全性が損なわれる可能性も存在する。例えば，医療現場における過剰労働はしばしば問題とされるが，この原因として，医療従事者のもつ使命感による献身も指摘できるのである。これは，「ナイチンゲールパラダイム」と呼ぶことができる。実際，多くの専門職において，「好きで選んだ仕事なのだから自己犠牲的精神で取り組むべきだ」というパラダイムが存在する。それ以外にも，「2日間徹夜が当たり前」「朝まで部下と飲み屋で議論してそのまま仕事に行って一人前」といった考え方をしばしば耳にする。一概に否定するわけではないが，①その考え方が事故を引き起こす可能性，②事故を引き起こすと「利益優先パラダイム」として批判される可能性は覚悟しなければならない。

第8章

結論

　本章では，これまでの分析から明らかになった結論を提示し，想定される批判について検討する。その後，理論的含意，実践的含意および残された課題について明らかにする。

Ⅰ．本書の結論

1．結論の要約
　本研究の目的は，企業事故の発生メカニズムを経営学的視点から解明することであった。
　まず，本書の前半（第2章から第4章）では，企業事故の先行研究の整理・検討を行った。第2章では，企業事故の定義を行い，企業事故という現象の特徴について検討した。第3章では，企業事故の先行研究として，ヒューマンエラー研究，集団思考研究，リスクマネジメント研究，高信頼性組織研究，企業倫理研究，技術的逸脱の標準化を概観し，各研究の特徴を整理した。第4章では，第3章で概観した先行研究の批判的検討を行い，先行研究の多くが回顧的アプローチを採用していることを明らかにし，意図せざる結果アプローチによる企業事故発生メカニズムの分析が必要であることを指摘した。具体的には，「なぜ，事故が引き起こされたのか」ではなく，「なぜ，当事者は安全だと考えたのか」という問いに基づいた，当事者の観点に立った事故の分析である。

本書の後半（第5章〜第7章）では，雪印乳業集団食中毒事件の事例研究を行った。第5章では，本研究で検討する2000年6月に発生した雪印乳業集団食中毒事件についての記述を行った。特に事例分析の中心となる大樹工場の汚染脱脂粉乳の製造・出荷プロセスについて詳細に記述し，同時に，1955年の雪印乳業八雲工場で引き起こされた食中毒事件についても記述した。

　第6章では，第4章で提示した意図せざる結果アプローチに基づき，雪印乳業集団食中毒事件における大樹工場の汚染脱脂粉乳製造・出荷のメカニズムについて事例分析を行った。分析の結果，従来指摘されていた作業パラダイムである「利益優先パラダイム」とは異なる「もったいないパラダイム」の存在を指摘した。さらに，殺菌神話の存在が事故の原因である可能性を指摘した。そして，作業パラダイムと手続きの神話化を用いて，従来の解釈と対比して新たな解釈を提示した。

　第7章では，この事例分析から析出された殺菌神話ともったいないパラダイムを一般化し，手続きの神話化と作業パラダイムとして検討を行った。

　以上の分析結果の検討より導出された結論は次の5点である。

①「手続きが通用するための前提（必要な条件）を忘却し，いかなる状況においても，その手続きが通用すると認識すること」という「手続きの神話化」は，企業事故発生原因の1つである。

②企業事故の発生メカニズムとして，「神話化された手続きの存在 ⇒ 神話化された手続きの崩壊」というメカニズムが存在する。

③組織において採用される手続きには，「神話の生成 ⇒ 神話の強化 ⇒ 神話の崩壊」というダイナミクスが存在する。

④現場には，従来事故の原因として指摘されてきた，「利益優先パラダイム」とは異なる「もったいないパラダイム」が存在する可能性がある。

⑤「利益優先パラダイム」と「もったいないパラダイム」は事故発生の可能性を高めるという意味では等結果性をもつ。

2．想定される批判と応答

　ここで，本研究が結論として提示する主張内容について，想定される批判とその批判に対する応答について検討しておきたい。

（1）神話は解体できないからこそ神話ではないのか

　本研究では，手続きが通用するための前提（必要な条件）を忘却し，いかなる状況においてもその手続きが通用すると認識することを手続きの神話化とし企業事故の発生原因の1つとして指摘した。その後，その神話を解体する方法についても検討を行った。しかし，以下のような考え方も可能であろう。

　　事故が起こる前に，忘却された前提について再検討し，発見することは事実上不可能である。疑うことが困難であるからこそ神話なのであり，いくら神話を解体しようと試みても，神話は依然として存在する。そして，その神話の存在は事故が発生して初めて表面化するのである。

　本書では，第6章において，神話化した手続きを，安全を保証する前提が忘却されている手続きと定義し，第7章において，その前提を再び発見することを議論している。これは，マッチポンプのような印象を受けるかもしれない。また，あらゆる前提を完全に発見することは事実上不可能であろう。その意味では，神話の存在は事故が発生して初めて表面化するという上記の論理構造も構築可能であり，一定の説得力をもっている[1]。

　しかし，①筆者は事故防止に役立つ議論を展開したいという個人的な信念をもっていること，②前提を完全に発見することは困難であるが[2]，雪印の

---

1) この論理構造は，Perrow（1984）が主張するノーマルアクシデント論の構造と類似している。Perrow（1984）は，現代の複雑化・タイトカップリング化した技術のもとでは，事故は不可避であると主張している。ただ，この主張は，産業社会をマクロ的な視点からとらえたものであり，本書の分析は，個別企業の視点，さらには，現場に焦点を当てている。そのため，若干スタンスが異なると考えられる。
2) 一般的に現実的ではないと考えられるものまで含めれば，原理的に不可能だということもできる。

事例をみる限り発見することが可能な前提は存在すると考えられること，この2点から，本書では，神話は事前に解体可能というスタンスをとっている。ただ，神話の解体について詳細な議論を展開しないまま，本書のスタンスをとることは，神話が容易に解体可能であるという印象を与えかねない恐れがある。筆者はそのように考えてはいないことは強調しておきたい。

（2）手続きの神話化とヒューリスティクスは同じ概念ではないのか

手続きの神話化の主張は，人間が類似の手続きを繰り返していると，その手続きの前提を忘却するという特性をもつという主張であるが，そのような人間の行動特性はヒューリスティクス[3]の一種として考えることも可能である。

確かに，ヒューリスティクスととらえることも可能ではある。しかし，本書では，その対象を安全に関連する手続きに帰属している点に特徴があると考えている。安全に関連する手続きに注目することで，神話の生成・強化フェイズ，崩壊フェイズ，解体フェイズという神話のダイナミクスを検討することが可能となると筆者は考えている[4]。

（3）手続きの神話化は手続きの形骸化と同じ概念ではないのか

企業事故の原因として，しばしばマニュアルなどの手続きの形骸化が指摘される。形骸化とは，当初の意義や内容が失われ，形ばかりのものになることを指す[5]。つまり，手続きを定めたマニュアルが形だけ整えられ，実際には誰もマニュアルを参考にせず，従っていない状態である。この考え方から，手続きの神話化を手続きの形骸化と解釈する読者もいるかもしれない。しかし，手続きの神話化と手続きの形骸化は以下の2点が異なると考えられる。

第1に，本来の機能を果たしているかという点である。手続きが形骸化す

---

[3] ヒューリスティクスとは，意思決定者の能力範囲内で行われる簡便的かつ節約的な情報処理ないしその情報処理に基づいて行われた決定や判断の傾向を指し，人間の情報処理能力や志向性に左右される（上田，2003）。
[4] 例えば，集団思考研究において，集団思考に陥りやすい組織の特徴に注目するのではなく，集団思考に陥りやすい議題に注目することに相当すると考えられる。
[5] 新村編（2008）『広辞苑　第6版』岩波書店より。

るとは，この場合，当該手続きが本来の機能を果たしていないことを指す。しかし，神話化した手続きは，少なくとも事故発生以前までは本来の機能は果たされている。第2に，手続きに対する現場の認識である。手続きが形骸化すると，その手続きが形ばかりのものになり，その手続きに関係する現場の従業員は，当該手続きに対して信頼感を失っている。しかし，手続きの神話化では，いかなる状況においてもその手続きが通用すると認識し，信頼されている。

確かに，事故が発生した時点以降，つまり，事後的に手続きを検討すれば，当該手続きは本来の機能を果たしていないため，形骸化していたと解釈されるかもしれない。しかし，事故発生以前までは，その手続きは本来の機能を果たしており，現場においてもその手続きは信頼されている。つまり，事故以前には，当該手続きが形骸化していたという認識はもたれていない。そのため，事故防止という目的に鑑み，事故発生以前の観点を重視し，手続きの神話化という概念が適切であると主張したい。

(4) 意図せざる結果アプローチによる解釈は事故を引き起こした企業を正当化することにならないか

雪印集団食中毒事件の分析を読まれて，雪印を擁護しているのではないかと感じた読者もいるかもしれない。確かに，本研究は，「なぜ，当事者は安全だと考えたのか」という問題意識に基づき分析している。しかし，回顧的アプローチと異なる意図せざる結果アプローチという観点から企業事故の分析を試みたのであり，事故当事者を正当化しようとしているわけではない。

ただし，意図せざる結果アプローチによる解釈が，回顧的アプローチよりも正しいと主張しているわけではないことは強調しておきたい。今回の分析は，大樹工場における汚染脱脂粉乳の製造・出荷に限定して議論を展開している。雪印乳業集団食中毒事件全体を分析対象とした場合，さらには，企業事故一般を分析対象とした場合，より抽象的な分析になり，安全性軽視と利益優先主義という概念を用いた解釈が優位になるであろう。他方，分析する現象を限定し，意図せざる結果アプローチに基づく分析を試みれば，本書で

示したような解釈も可能であると主張しているのである。もちろん、これ以外の第3の解釈の可能性を否定してもいない[6]。

II. 理論的含意

本節では、本書の分析から得られる理論的含意について検討する。まず、企業事故に関する理論に対する貢献、次に、組織理論に対する貢献について検討する。

1. 企業事故研究に対する貢献

本書の分析から得られる企業事故研究に対する貢献としては以下の2点を指摘することができる。

第1に、意図せざる結果アプローチの有効性である。従来の先行研究の多くが回顧的アプローチに基づき事故を分析しているのに対し、本書では、当事者の視点から事故の分析を試みるという意図せざる結果アプローチを採用し、企業事故の分析を試みた。その際、「なぜ事故を引き起こしたのか」という問題設定ではなく、「なぜ当事者は安全だと考えたのか」という問題設定を行った。

回顧的アプローチに基づくのではなく、意図せざる結果アプローチによって企業事故の事例を分析することにより、事故発生前の当事者の意図に焦点が当たる。この当事者の視点を積極的に考慮することが、企業事故研究の今後の展開にとって必要であろう。

第2に、企業事故を分析する際に、具体的な手続きに注目した点である。この際、ヒューマンエラー理論におけるアフォーダンス概念の発想を適用した。アフォーダンスでは、ヒューマンエラーを「人」ではなくて「モノのデザイン」に帰属させる。本書で提示した手続きの神話化では、企業事故を

---

6) 企業事故を対象としたものではないが、1つの現象を異なるアプローチ（モデル）によって分析する事により、異なる教訓が得られるものとして、アリソン（1977）を参照。

「組織そのもの」ではなく,「手続き」に帰属させている。確かに,これまでの企業事故の分析に際しても手続きは注目されてきた。しかし,手続きの分析により,物理的説明がなされた後は,もっぱら組織文化やリスクマネジメントシステムなどに注目がなされ,その手続きが再び考慮されることはない。本書では手続きを分析するコンセプトとして手続きの神話化を提示したが,これ以外にも,「手続き」を分析する視点が必要であろう。

つまり,本研究は,Vaughan(1996)の技術的逸脱の標準化において採用された問題設定に基づきながら,企業事故の分析にアフォーダンスの発想を適用しているところに特徴がある。

2. 組織理論に対する貢献

本書の分析から得られる組織理論に対する貢献としては,以下の2点を指摘することができる。

第1に,組織分析の視点である。本書では企業事故という経営現象に注目しているため,特に安全にかかわる手続きに注目した。そして,この視点は企業事故以外にも展開は可能であると考えられる。

インタビュー調査を必要とするが,現実の企業が採用している手続きは,具体的に調査することが可能である。特定の企業における長期にわたる手続きの変容過程や,同種の手続きに関する企業ごとの相違点を分析することは,組織のダイナミクスや経営現象を分析する際の新たな視点となる。このように,手続きに注目することにより,新たな組織理論の展開が可能となろう。

特にその際,本書で強調しておきたいことは,組織学習についての知見である。1955年に雪印が引き起こした八雲工場における食中毒事件後,雪印では,黄色ブドウ球菌に関する検査が新たに付け加わった。2000年の食中毒事件後は,雪印はエンテロトキシン検査機を全工場に整備し,検査体制を制度化した。このように,組織は何らかの経験をすると,その経験に対応して手続きを変容させる。

ともすれば,組織は事故を経験することにより,安全意識などの抽象的な

理念が学習されると思いがちである。例えば，1955年の八雲工場における食中毒事件がメディア等で取り上げられる際には，佐藤社長が伝えた「全社員に告ぐ」への言及がしばしばなされている[7]。確かに，傍観者（外部者）からみれば，これらの情報は入手しやすいし，印象には残る。しかし，当事者からみれば，組織の経験は抽象的な概念以上に，具体的な手続きの変更を呼び起こす。確かに，従業員が入れ替わることにより，経験は忘却され得るが，その経験によって変更された具体的な手続きは生き続けるのである。このような手続きの変容過程や，企業による手続きの違いは，組織の経験や学習によって大きく影響を受ける可能性が高い。

　第2に，経営現象としての意図せざる結果の分析である。組織理論にとって，意図せざる結果が引き起こされるメカニズムは注目されている。そして，当初の意図とは異なる結果がもたらされるプロセスを分析することは経営学にとって非常に重要な知見をもたらすことが主張されている。企業事故が意図せざる結果の典型的な例であることは強調しておきたい。企業事故は経営現象における意図せざる結果の事例の宝庫なのである。

3．企業事故の分析に関する指針

　次に，今後の企業事故の分析に関する指針について考察を行う。企業事故の分析においては，特に回顧的アプローチのもつハインドサイトバイアスに注意すべきである。その際，特に以下の2点について考慮する必要がある。

　第1に，科学技術のもつ曖昧さである。我々は，科学技術に絶対の信頼をおき，安全と危険の区別は明確であると考えがちである。事故が発生すれば，そこには必ず何らかの危険性が存在し，その危険になぜ気付かなかったのかということに対して批判がなされる。

　ただ，事故が起こる以前の当事者からみれば，事故が起こる可能性についての予測は遥かに困難であることが予想される。例えば，コリンズ＆ピンチ

7）　本書第5章図表5-12を参照。

(1994, 2001)は，科学技術をゴーレム[8]にたとえ，科学技術のもつ曖昧さについて検討し，①実験者の悪循環，②離れていることが魔力を増す，③証拠の置かれた文脈という3つの概念を提示している。①実験者の悪循環とは，どのような結果が正当な結果であるのかを知らないままに，ある実験が正当に行われたかどうかを判断することはできないため，1つの実験が疑いの余地のない結果を得ることは困難であることを指す。②離れていることが魔力を増すとは，科学技術に対する論争は，離れているところからみたほうが，遥かに単純明快な形になるということである。ある出来事について直接的経験が深まれば深まるほど何が正しいかという判断が曖昧になってくることを指す。③証拠の置かれた文脈とは，同一の実験結果の意味は，その結果が適用される問題意識によって，肯定的にも否定的にもなり得ることを指す。

第2に，組織体のもつ曖昧さである。企業事故が発生すると，企業が擬人化され，あたかも1つの意思をもった主体としてとらえられることがある。また組織文化について，極端にいえば企業の隅々まで文化が行きわたっているような理解がなされていたり，トップの思い通りに組織は動くような理解をしがちである[9]。しかし，当然のことではあるが，企業組織は一枚岩ではない。本書で検討したパラダイムに関していえば，部署ごとに支配的なパラダイムが異なる可能性が存在する。その支配的なパラダイムが引き起こす逆機能にも着目すべきである[10]。さらにいえば，我々は，企業によってパラダイムが違うと考えがちであるが，実際には，研究開発，製造，営業などの部署によるパラダイムの違いの方が大きい可能性も存在するのである。

---

[8] ゴーレムとは，ユダヤ神話の巨人の名前で，力もちで通常は主人を守ってくれるが，扱いにくく，ちょっと目を離すと主人をめちゃめちゃにしかねない（コリンズ・ピンチ，2001, p.2）。

[9] このような理解の詳細については，沼上（1994, pp.295-298）を参照。また，ミンツバーグは，組織は明白な意見の一致が無くても行動がとれることを指摘し，意思決定の明確なポイントと場所が必要であるという信念に疑問を投げかけている（ミンツバーグ他, 1999, pp.169-170）。

[10] いい換えれば，現場において一般に「よい」とされる行動が引き起こす逆機能に注目すべきである。

安全性軽視という解釈は，科学技術のもつ曖昧さを考慮していない。さらに，企業を1つの主体として擬人化すれば，利益優先主義という背景が浮かび上がってくる。しかし，科学技術の曖昧さ，組織の曖昧さを考慮することによって，安全性軽視や利益優先主義とは異なる企業事故の解釈が浮かび上がってくる可能性が存在する。

　また，今後の企業事故の分析に関する指針として，手続きに注目した企業事故発生メカニズムの分析の重要性も強調しておきたい。手続きに注目した分析は，いわゆる営業部門，スタッフ部門といったホワイトカラーによって引き起こされる事故を分析する際に特に有効であると考えられる。

　企業事故は科学技術と密接にかかわっており，ゴーレムのように影響力が大きく取扱いが難しい科学技術をどのようにコントロールするかという問題意識が存在している。そのため，科学技術の象徴である機械と人とのインターフェイスが注目され，製造現場や医療現場などが企業事故の分析対象の中心となってきた。ただ，現在，情報技術の発展に伴い，ホワイトカラーのエラーが企業事故につながる可能性が高くなりつつあり，今後は，ホワイトカラーが引き起こす企業事故の分析も必要となるであろう。その際には，人と機械の相互作用だけではなく，人と手続きの相互作用に注目した企業事故の分析が有効であると考えられる。

III．実践的含意

1．本研究から導出される実践的含意

　本節では，本書の分析から得られる実践的含意について検討する。企業事故防止に関する実践的含意として以下の2点をまず指摘する。

　第1に，安全性軽視，利益優先主義という従来の企業事故の解釈への批判的検討を行ったことである。そもそも，企業事故の物理的説明は個々の事例において異なっているが，回顧的アプローチに基づき事故の原因を抽象化すると，安全性軽視と利益優先主義に収斂してしまう。

第8章 結論

　安全性軽視と利益優先主義は，全ての企業事故に対して説明可能であり，それゆえ，これから事故を防止しようとする企業にとっては，この2つに対してどのように対応していけばよいのか，現在自社がどのような状況にあるのかが不明確である。企業事故に対して，安全性軽視と利益優先主義を批判することはそれほど生産的ではないと筆者は考える。

　本研究では，その間の理論（中範囲の理論）を展開するために，意図せざる結果アプローチを採用し，手続きの神話化に注目した。

　第2に，神話化された手続きの存在が事故を引き起こす可能性を明らかにしたことである。ここから，企業事故防止には，「手続きの神話化の防止」「神話化された手続きの解体」が効果的であることが導出できる。この事故防止の方法は従来の事故防止策に比べ，実践する際の課題を具体的に提示できることが特徴である[11]。

　従来，事故防止策として提言されてきた「安全文化の構築」は，2つの意味で実践が困難である。まず，現在の状態が安全文化をどの程度達成しているのかについて判断することが困難なことである。次に，安全文化の状態にどのように移行していけばよいのかが不明確だということである。実践的という観点からは，事故が引き起こされやすい組織から事故が引き起こされにくい組織への移行が示されていなければならない。そのためには，①事故が引き起こされにくい組織の設定（目標設定），②現状分析，③現状から事故が引き起こされにくい組織への移行（道筋の設定）の3つが必要となる。特に，③の場合には，実施する順番（ステップ）を間違えると移行が困難になる可能性も考えなければならない。

　また，従来の事故防止策では，「事故を引き起こさない理念的な企業像」を暗黙に想定している。この理念的な企業像に組織を変革させるためにはゼロベースでの組織改革が必要となる[12]。他方，本書で提示した「神話の解体」

---

11) もちろん，この手法だけで全ての事故が防止できるわけではないことは強調しておきたい。
12) 安全文化の議論は，①の設定に焦点が当たり，②や③の視点が抜けているといえよう。

という事故防止策は,「安全文化の構築」という従来の企業事故防止策に比べ,より具体的で,実践に関して組織的抵抗が少ないと考えられる[13]。

なお,手続きに注目して,組織を再検討することも必要であろうが,組織における手続きを安易に変更することは危険でもある。なぜこのような手続きが存在しているのかと疑問に思うような手続きに出くわした経験は,組織に属していれば誰もがもつ。そして,その手続きに関する疑問を年長者にぶつけ,疑問が氷解する経験も多いであろう。

多くの手続きは何らかの経験からの学習によって生まれている。その経験は事故かもしれない。したがって,その経験を詳細に確認し,変更しても問題ないことを確認しない限り,安易に変更するべきではない。企業事故の経験は組織の中で風化したとしても,企業事故をきっかけとして生まれた手続きは残っている。雪印では,手続きは企業事故の経験から45年間生き続けていたのである。その手続きが現在では本当に必要ないのか否かについての判断には慎重になるべきであろう。

2. 企業事故防止の指針

規範的な企業事故防止策の指針としては,以下のようなステップを考えることができる。

①安全を保証する手続きをピックアップする。

②その手続きが安全を保証する前提を考慮する。

　例えば,ある数値以下になっていることが安全を保証するとされている手続きの場合,ある数値以下になっていたとしても安全が保証されない状況とはどのような状況かを考える。

③そのような状況（前提）を発見したら,それを形式知化して,現場に浸

　　他方,神話の議論は,現状の問題点をコツコツと潰していくイメージであり,また,順番も特に気にする必要はない。

13) もちろん,手続きの神話化の防止や,神話化された手続きの解体が行える組織は,結果として安全文化をもつ組織である可能性は高い。

透させる。

　ただ，このステップは規範的であり，簡単に実行可能であるわけではない。実際に事故が引き起こされた場合を想定して，そこから回顧的シミュレーションを用いて，結果から逆に想像していくことは可能であるが，非常に困難であろう。そこで，試論として，本書で得られた知見をヒントに企業事故防止への指針の提示を行う。

（1）暗黙化している手続きに注意せよ

　何気なく手続きを行っている作業は，その前提が忘却され，神話化されている可能性が高い。特に当該手続きがジャーゴン化している場合，手続きが神話化している可能性は高いことが予想できる。殺菌の手続きを「叩く」と表現することは先述した。このような業界用語を覚えることには，組織の暗黙知を共有することにつながる。他方で，その手続きの正確な目的や意味を理解せずに作業に従事する可能性を高めてしまう。手続き自体は組織の中で長期間にわたって生き続けるが，その手続きの背景に関しては，当事者の退職などにより簡単に忘却されてしまう。「前からこうだった」「私も先輩からこう習った」などの説明しかされないような，長期にわたって変更されていない手続きには注意すべきである。

（2）経過時間に注意せよ

　手続きの神話化は，その手続きの安全を保証する前提の忘却を意味する。その際，注意すべきはその前提条件であり，その前提条件が変化することから神話の崩壊が起きる。そのため，条件の変化に敏感にならねばならない。第7章第1節で検討したように，条件の変化は，環境要因の変化，組織内部の変化に大別できる。前者の環境要因の変化に関して，特に見落としがちな要素の1つとして，「時間」を指摘しておきたい。

　例えば，雪印の場合，事故のきっかけは停電であった。ただ，5分程度の停電であれば，落雷などを原因としてたまに発生していた。そして，対応可能であった。しかし，同じ停電であっても，5分の停電と，1時間の停電では生産ラインに与える影響が異なる。同様に，真夏日が2日続くのと，1週

間続くのでは生産ラインに与える影響が異なるかもしれない。手続きが通用するための前提には，時間の概念が挿入されているケースがあるが，その場合，経過時間に特に注意する必要がある。温度などの状態を示す指数は，その場で確認すれば把握することができる。他方，経過時間は，意識しないと確認することが難しい。そのため，忘却される可能性が高いと考えられる。

　換言すれば，①質的な変化（晴れ，雨，曇り）よりも量的な変化（温度の上昇）について，②微分関係（晴れから雨への変化）よりも，積分関係（晴れが何日続いたか）について注意する必要がある。

　さらに，変化についていえば，「変化しないという変化」も存在するのである[14]。

（3）生産体制の変更に注意せよ

　条件が変化する第2の要因は，企業が自ら生み出す主体的な変化であり，組織体制の変更などがこれに当てはまる。それゆえ，生産体制の変更には気をつける必要がある。このような主張をすると，「海外に工場を新たに新設する場合には気をつけるべきである」と考えるかもしれないが，筆者の主張は逆である。海外で工場を新設する場合には，新たな立ち上げであり，異なる環境を皆が認識しているため，本人たちも気をつけるはずである[15]。実際に，「工場を海外に新設したら，日本では当然だと考えられていた環境条件が異なり非常に苦労した」などの話は比較的耳にすることができる。むしろ，それよりは，工場内の施設の移動や縮小など，小規模な生産体制の変更のほうが，インクリメンタルであり，見かけ上はうまくいく可能性が高いため，手続きの神話化が起こりやすいと考えられる[16]。

---

14) Weick（1987, p.118）では，安全をダイナミックな無風状態（dynamic non-event）であると表現している。
15) この仮説を前提とすると，海外展開を経験していないドメスティックな企業は，海外展開に伴う新たな環境要因の変化に直面する機会が少ないことになる。そのため，手続きが神話化する可能性がグローバル企業と比較すると高くなると考えることもできる。
16) (2)経過時間に注意する，(3)生産体制の変更に注意する，に共通していえることは，綴

（4）現場の作業パラダイムを理解せよ

第7章第2節で検討したように，現場の作業パラダイムを理解し，その作業パラダイムが事故を引き起こす可能性について検討し，その危険性について周知していくことが必要であろう。

作業パラダイムを理解しないまま，安易に安全意識を高める取り組みを実践することには危険性を伴う。例えば，安全意識を高める取り組みとして，事故ゼロ運動というものがある。これは，①事故発生件数がゼロである日を可能な限り継続することを目指す場合や，②特定の期間に事故ゼロを目指す運動である。

しかし，これは工場長や運動の責任者の面子の問題に容易に変容する可能性がある。①の場合であれば，事故ゼロの期間が新記録を達成しそうなケース，②の場合であれば，事故ゼロ運動の期間の終了日で軽微な事故が発生したと仮定しよう。

①の場合には，事故が起こったとしても現場では「これは事故ではない」として結果的に隠蔽してしまうケースは容易に考えられる。②の場合であれば，事故ゼロ運動の期間が終了した日に発生したことにするかもしれない。さらに，その責任者が人望の厚い工場長であり，まして勇退直前であったら，事故が発生したことを報告することに躊躇するであろう[17]。

やかな変化に敏感になることである。これは，熱湯に入れられたカエルが桶から飛び出すのに対し，水が入った桶にカエルを入れ，ゆっくり温めてやるとゆでられて死んでしまうという「ゆでガエル」シンドロームの考え方を参考にしている（桑田・田尾，1998, p.313）。

[17] これに対して，高信頼性組織の議論では，しばしば過失の報告を奨励・評価することが指摘されている。（ワイク・サトクリフ，2002, p.80）。例えば，以下のような事例が紹介されている。原子力航空母艦のクルーが甲板である工具を紛失したと上司に報告した。10機以上の戦闘機が飛行中であったが，全てを陸上基地に着陸させ，何百人ものクルーに工具を徹底的に探索するよう命じた。工具は発見され，翌日，大惨事を引き起こしかねないエラーを報告したことに関して，そのクルーを表彰するための公式セレモニーが行われた（Landau & Chisholm, 1995）。

Ⅳ. 残された課題

　本書では，先行研究とは異なる視点に基づき，企業事故の発生メカニズムの分析を試みた。しかし，残された課題も多く，より詳細な分析が必要である。

　第1の課題は，神話概念の適用範囲の検討である。本書の分析は，典型的な製造現場の生産活動を想定している。そのため，販売活動や研究開発活動などの他の業務が行われている現場において，この分析が当てはまるかどうかは検討の余地がある。第7章第1節において，中和神話やアース神話など，殺菌神話以外の神話の存在について言及したように，手続きの神話化そのものは適用可能であると考えられる。しかし，これらは試論的な検討にとどまっている。また，神話のダイナミクスも他の業務に関しては異なっている可能性がある。したがって，他の業務における神話概念の適用可能性について検討する必要がある。

　第2の課題は，神話のダイナミクスに関する詳細な検討である。特に，効果的な事故防止の提言には，神話の解体方法を具体的に提示する必要があるだろう。この点は，本書の大きな反省点である。しかしながら，現実に神話が解体する事例をみない限り，机上の空論になりかねないと判断し，あえて組織そのものにかかわる議論は展開しなかった。しかし，まずは実際に手続きが神話化する危険性を提示したことで，企業経営にかかわる実践家が，何らかの対処を打ちはじめることを願っている。今後は，実際に神話の解体作業のプロセスに携わり，実践家との濃密な対話の中で，神話の解体の促進要因を探求していきたい。

参考文献

アリソン，G. T. 著，宮里政玄訳．(1977)『決定の本質―キューバ・ミサイル危機の分析―』中央公論社（Allison, G. T., 1971, *Essence of Decision: Explaining the Cuban Missile Crisis*, Little, Brown）。

浅尾努（2000）「乳製品による食中毒の原因物質を検出―ブドウ球菌のエンテロトキシンとは―」『公衛研ニュース』12：1-2。

ベイザーマン，M. H.・ムーア，D. A. 著，長瀬勝彦訳（2011）『行動意思決定論―バイアスの罠―』白桃書房（Bazerman, M. H., Moore, D. A., 2009, *Judgement in Managerial Decision Making, 7th ed.*, John Wiley & Sons）。

ケイシー，S. 著，赤松幹之訳（1995）『事故はこうして始まった！―ヒューマン・エラーの恐怖―』化学同人（Casey, S., 1993, *Set Phasers on Stun: And Other True Tales of Design, Technology, and Human Error*, Aegean Publishing Company）。

コリンズ，H.・ピンチ，T. 著，福岡伸一訳（1997）『7つの科学事件ファイル―科学論争の顛末―』化学同人（Collins, H., Pinch, T., 1994, *The Golem: What Everyone should Know about Science*, Cambridge University Press）。

コリンズ，H.・ピンチ，T. 著，村上陽一郎・平川秀幸訳（2001）『迷路のなかのテクノロジー』化学同人（Collins, H., Pinch, T., 1998, *The Golem at Large: What You should Know about Technology*, Cambridge University Press）。

出口弘（2004）「組織の失敗と評価のランドスケープ学習」『組織科学』38(2)：29-39。

デッカー，S. 著，芳賀繁訳（2009）『ヒューマンエラーは裁けるか』東京大学出版会（Dekker, S., 2007, *Just Culture: Balancing Safety and Accountability*, Ashgate Publishing Company）。

出見世信之（2004）『企業倫理入門―企業と社会との関係を考える―』同文舘出版。

ドリスコル，D. M.・ホフマン，W. H.，菱山隆二・小山博之訳（2001）『ビジネス倫理10のステップ―エシックス・オフィサーの組織変革―』生産性出版（Driscoll, D. M, Hoffman, W. M., 2000, *Ethics Matters: How to Implement Values-Driven Management*, Bentley College）。

Esser, J. K. (1998) "Alive and Well after 25 Years: A Review of Groupthink Research," *Organizational Behavior and Human Decision Processes*, 73 (2/3): 116-141.

フィンケルシュタイン, S. 著, 橋口寛監訳 (2004)『名経営者が, なぜ失敗するのか?』日経BP社 (Finkelstein, S., 2003, *Why Smart Executives Fail: And What You Can Learn from Their Mistakes*, Portfolio)。

Fischhoff, B. (1975) "Hindsight ≠ foresight: The Effect of Outcome Knowledge on Judgment under Uncertainty," *Journal of Experimental Psychology: Human Perception and Performance*, 1(3): 288-299.

Freeman, R. E. (1984) *Strategic Management: A Stakeholder Approach*, Pitman.

藤井建夫 (1997)『微生物制御の基礎知識―食品衛生のための90のポイント―』中央法規出版。

藤原邦達 (2002)『雪印の落日―食中毒事件と牛肉偽装事件―』緑風出版。

福永晶彦・山田敏之 (2005)「雪印乳業における組織風土の変容と企業倫理」『東海学園大学研究紀要』10(A): 113-136。

福島真人 (2006)「リスク・安全・高信頼性―組織論からみたリスク社会論―」『社会学史研究』28: 21-35。

Fuller, S. R., Aldag, R. J. (1998) "Organizational Tonypandy: Lessons from a Quarter Century of the Groupthink Phenomenon," *Organizational Behavior and Human Decision Processes*, 73 (2/3): 163-184.

ギブソン, J. J. 著, 古崎敬他訳 (1985)『生態学的視覚論―ヒトの知覚世界を探る―』サイエンス社 (Gibson, J. J., 1979, *The Ecological Approach to Visual Perception*, Houghton Mifflin Company)。

グロービス・マネジメント・インスティテュート (2005)『新版 MBA クリティカル・シンキング』ダイヤモンド社。

芳賀繁 (2000)『失敗のメカニズム―忘れ物から巨大事故まで―』日本出版サービス。

林喜男 (1992)「ヒューマンエラー研究の動向」『電気学会論文誌D』112(4): 327-332。

ホーキンス, F. H. 著, 石川好美監訳 (1992)『ヒューマン・ファクター―航空の分野を中心として―』成山堂書店 (Hawkins, F. H., 1987, *Human Factors in Flight*, Gower Technical Press)。

ハインリッヒ, H. W.・ピーターソン, D.・ルース, N. 著, 総合安全工学研究所訳 (1982)『ハインリッヒ産業災害防止論』海文堂 (Heinrich, H. W., Petersen, D.,

Roos, N., 1980, *Industrial Accident Prevention: A Safety Management Approach*, 5th ed., McGraw-Hill.）．

日和佐信子（2005）「雪印乳業におけるコンプライアンス確立のとりくみ」『農業と経済』71(2)：61-65。

北海道新聞取材班（2002）『検証・「雪印」崩壊—その時，何がおこったか—』講談社。

五十嵐英夫（2003）「ブドウ球菌エンテロトキシン研究の変遷」『日本食品微生物学会雑誌』20(2)：51-62。

井原久光（1999）『テキスト経営学』ミネルヴァ書房。

石名坂邦昭（1994）『リスク・マネジメントの理論』白桃書房。

伊藤直哉（2002）「雪印乳業食中毒事件—危機管理広報ケース分析資料—」『大学院国際広報メディア研究科言語文化部紀要』（北海道大学）41：7-38。

伊藤肇躬（2004）『乳製品製造学』光琳。

Janis, I. L.（1972）*Victims of Groupthink*, Houghton Mifflin.

Janis, I. L.（1982）*Groupthink*, 2nd. ed., Houghton Mifflin.

加護野忠男（1988）『組織認識論—企業における創造と革新の研究—』千倉書房。

海保博之・田辺文也（1996）『ヒューマン・エラー—誤りからみるヒトと社会の深層—』新曜社。

鎌田晶子（2003）「決定をゆがめる組織・ゆがめない組織」岡本浩一・今野裕之『リスク・マネジメントの心理学—事故・事件から学ぶ—』新曜社，189-214。

亀井利明（2008）『リスクマネジメント総論［第5版］』同文舘出版。

小林俊治・百田義治編（2004）『社会から信頼される企業—企業倫理の確立に向けて—』中央経済社。

小松原明哲（2003）『ヒューマンエラー』丸善。

小室達章（2002）「リスクマネジメント論の構成と展開」手塚公登・上田泰・小山明宏編著『経営学再入門—再チャレンジ！基礎から最新の理論まで—』同友館，第12章，203-218。

今野裕之（2003）「2000年〜2002年—雪印ブランドの事故—」岡本浩一・今野裕之編著『リスク・マネジメントの心理学—事故・事件から学ぶ—』新曜社，37-65。

小山嚴也（2005）「企業における social issues の認識」『日本経営学会論集』第75集．千倉書房，204-205。

小山嚴也（2007）「『企業不祥事』と企業における問題の認識」企業倫理研究グループ『日本の企業倫理—企業倫理の研究と実践—』白桃書房，21-39。

小山嚴也・谷口勇仁（2007）「雪印乳業大樹工場における汚染脱脂粉乳出荷プロセス」『経済系』（関東学院大学）232：65-79。

小山嚴也・谷口勇仁（2010）「企業におけるソーシャルイシューの認識―雪印はなぜ2回目の不祥事を防げなかったのか―」『日本経営学会誌』26：15-26。

桑田耕太郎・田尾雅夫（1998）『組織論』有斐閣。

Landau, M., Chisholm, D.（1995）"The Arrogance of Optimism: Notes on Failure-Avoidance Management," *Journal of Contingencies and Crisis Management*, 3 (2): 67-80.

マータイ，W. 著，福岡伸一訳（2005）『モッタイナイで地球は緑になる』木楽舎（Maathai, W., 2003, *The Green Belt Movement: Sharing the Approach and the Experience*, Lantern Books）。

南方哲也（2001）『リスクマネジメントの理論と展開』昌洋書房。

ミンツバーグ，H.・アルストランド，B.・ランペル，J. 著，齋藤嘉則監訳（1999）『戦略サファリ―戦略マネジメント・ガイドブック―』東洋経済新報社（Mintzberg, H., Ahlstrand, B., Lampel, J., 1998, *Strategy Safari: A Guided Tour through the Wilds of Strategic Managemant*, The Free Press）。

ミッチェル，L. E. 著，斎藤裕一訳（2005）『なぜ企業不祥事は起こるのか―会社の社会的責任―』麗澤大学出版会（Mitchell, L. E., 2001, *Corporate Irresponsibility: America's Newest Export*, Yale University Press）。

ミトロフ，I. I. 著，上野正安・大貫功雄訳（2001）『危機を避けられない時代のクライシス・マネジメント』徳間書店（Mitroff, I. I. with Anagnos, G., 2001, *Managing Crises Before They Happen: What Every Executive and Manager Needs to Know About Crisis Management*, AMACOM）。

村上信夫・吉崎誠二（2008）『企業不祥事が止まらない理由』芙蓉書房出版。

村上陽一郎（2000）『科学の現在を問う』講談社。

中西晶（2007）『高信頼性組織の条件―不測の事態を防ぐマネジメント―』生産性出版。

中尾政之（2005）『失敗百選―41の原因から未来の失敗を予測する―』森北出版。

仁平義明・丸山欣哉（1995）「オートマチック車の運転エラーを分析する」丸山欣哉編著『適性・事故・運転の心理学』企業開発センター交通問題研究室，119-136。

日本経営倫理学会編（2008）『経営倫理用語辞典』白桃書房。

西本直人（2004）「HRO研究の革新性と可能性」経営誌学会編『経営学を創り上

げた思想』文眞堂.

西本直人（2006）「HRO 研究の現状と課題―事故分析における研究対象の移行と HRO―」『ICT 業界にみる高信頼性組織（HRO）の現状と課題』JPCERT コーディネーションセンター.

野中郁次郎・竹内宏高（1996）『知識創造企業』東洋経済新報社.

Norman, D. A. (1981) "Categorization of Action Slips," *Psychological Review*, 88 (1) : 1-15.

ノーマン，D. A. 著，野島久雄訳（1990）『誰のためのデザイン？―認知科学者のデザイン原論―』新曜社（Norman, D. A., 1988, *The Psychology of Everyday Things*, Basic Books）.

沼上幹（1994）「卒業式を『自由な人生』の葬式だと思っている学生諸君へ」金井壽宏・沼上幹・米倉誠一郎編『創造するミドル―生き方とキャリアを考えつづけるために―』有斐閣，283-329.

沼上幹(2000)『行為の経営学―経営学における意図せざる結果の探究―』白桃書房.

岡本浩一（2001）「核燃料臨界事故―社会心理学的考察―」大山正・丸山康則編『ヒューマンエラーの心理学―医療・交通・原子力事故はなぜ起こるのか―』麗澤大学出版会，53-77.

岡本浩一・今野裕之（2006）『組織健全化のための社会心理学―違反・事故・不祥事を防ぐ社会技術―』新曜社.

大泉光一（1995）『災害・環境危機管理論―企業の災害・環境リスク管理の理論と実践―』晃洋書房.

大阪市環境保健局（2001）「雪印乳業㈱大阪工場製造の低脂肪乳等による食中毒事件　報告書」大阪市環境保険局.

大山正・丸山康則編（2001）『ヒューマンエラーの心理学―医療・交通・原子力事故はなぜ起こるのか―』麗澤大学出版会.

大山正・丸山康則編(2004)『ヒューマンエラーの科学―なぜ起こるか，どう防ぐか，医療・交通・産業事故―』麗澤大学出版会.

ペイン，L. S. 著，梅津光弘・柴柳英二訳（1999）『ハーバードのケースで学ぶ企業倫理―組織の誠実さを求めて―』慶應義塾大学出版会（Paine, L. S., 1997, *Case in Leadership, Ethics, and Organizational Integrity: A Strategic Perspective*, McGraw-Hill）.

ペイン，L. S. 著，鈴木主税・塩原通緒訳（2004）『バリューシフト―企業倫理の新時代―』毎日新聞社（Paine, L. S., 2002, *Value Shift: Why Companies Must*

Merge Social and Financial Imperatives to Achieve Superior Performance, McGraw-Hill)。

Park, W. W. (1990) "A Review of Research on Groupthink," *Journal of Behavioral Decision Making*, 3: 229-245.

Park, W. W. (2000) "A Comprehensive Empirical Investigation of the Relationship among Variables of the Groupthink Model," *Journal of Organizational Behavior*, 21: 873-887.

Perrow, C. (1984) *Normal Accidents: Living with High-Risk Technologies*, Basic Books.

ピーターズ, T. J.・ウォーターマン, R. H. Jr. 著, 大前研一訳 (1983)『エクセレント・カンパニー―超優良企業の条件―』講談社 (Peters, T. J., Waterman, R. H. Jr., 1982, *In Search of Excellence: Lessons from America's Best-Run Companies*, Warner Books)。

ポーター, M. E. 著, 土岐坤・中辻萬治・服部照夫訳 (1982)『競争の戦略』ダイヤモンド社 (Porter, M. E., 1980, *Competitive Strategy*, Free Press)。

ラスムッセン, J. 著, 海保博之他訳 (1990)『インタフェースの認知工学―人と機械の知的かかわりの科学―』啓学出版 (Rassmussen, J., 1986, *Information Processing and Human-Machine Interaction: An Approach to Cognitive Engineering*, Elsevier Science Publishing)。

リーズン, J. 著, 林喜男監訳 (1994)『ヒューマンエラー―認知科学的アプローチ―』海文堂 (Reason, J., 1990, *Human Error*, Cambridge University Press)。

リーズン, J. 著, 塩見弘監訳 (1999)『組織事故―起こるべくして起こる事故からの脱出―』日科技連出版社 (Reason, J., 1997, *Managing the Risks of Organizational Accidents*, Ashgate Pub)。

リーズン, J. 著, 佐相邦英監訳 (2010)『組織事故とレジリエンス―人間は事故を起こすのか, 危機を救うのか―』日科技連出版社 (Reason, J., 2008, *The Human Contribution: Unsafe Acts, Accidents, and Heroic Recoveries*, Ashgate Pub.)。

リーズン, J.・ホッブズ, A. 著, 高野研一監訳 (2005)『保守事故―ヒューマンエラーの未然防止のマネジメント―』日科技連出版社 (Reason, J., Hobbs, A., 2003, *Managing Maintenance Error: A Practical Guide*, Ashgate Pub.)。

Roberts, K. H. (1989) "New Challenges in Organizational Research: High Reliability Organizations," *Industrial Crisis Quarterly*, 3: 111-126.

Roberts, K. H., Libuser, C. (1993) "From Bhopal to Banking: Organizational

Design Can Mitigate Risk," *Organizational Dynamics*, 21(4): 15-26.

ローゼンツワイグ, P. 著, 桃井緑美子訳（2008）『なぜビジネス書は間違うのか—ハロー効果という妄想—』日経BP社（Rosenzweig, P., 2007, *The Hallo Effect: ...and the Eight Other Business Delusions That Deceive Managers*, Free Press）。

齋藤健一郎（2006）「過ちから学び，3つの仕組みで全社体制の強化」『クオリティマネジメント』57(5)：26-31。

櫻井克彦（1991）『現代の企業と社会—企業の社会的責任の今日的展開—』千倉書房。

産経新聞取材班（2001）『ブランドはなぜ墜ちたか—雪印，そごう，三菱自動車事件の深層—』角川書店。

佐々木薫（1999）「集団意思決定の改善に関する実験的研究—『仮想的からの攻撃セッション』の効果について—」『社会学部紀要』（関西学院大学）83：59-71。

佐々木正人（1994）『アフォーダンス—新しい認知の理論—』岩波書店。

佐藤郁哉・山田真茂留（2004）『制度と文化—組織を動かす見えない力—』日本経済新聞社。

スチュアート, D. 著, 企業倫理研究グループ訳（2001）『企業倫理』白桃書房（Stewart, D., 1996, *Business Ethics*, McGraw-Hill）。

杉原桂太（2007）「科学技術社会論と統合された技術者倫理の研究」名古屋大学・大学院人間情報学研究科・博士論文。

髙巖・T. ドナルドソン（2004）『ビジネス・エシックス—企業の社会的責任と倫理法令遵守マネジメント・システム［新版］』文眞堂。

田中宏司（2005）『コンプライアンス経営—倫理網領の策定とCSRの実践—［新版］』生産性出版。

谷口勇仁（2005）「CSRにおける2つの視点—『企業の論理』と『社会の論理』—」『経済学研究』（北海道大学）54(4)：67-74。

谷口勇仁（2008）「高信頼性組織（HRO）研究に内在するジレンマ」『経済学研究』（北海道大学）58(2)：61-70。

谷口勇仁（2009a）「企業事故研究におけるヒューマンエラー研究の構図と課題」『経済学研究』（北海道大学）58(4)：261-270。

谷口勇仁（2009b）「イノベーションと企業不祥事—企業活動の光と影—」日本経営学会編『日本企業のイノベーション（経営学論集第79集）』千倉書房，119-131。

谷口勇仁（2009c）「雪印乳業集団食中毒事件に関する事例研究の整理と検討」『経

済学研究』(北海道大学) 59(3):179-187。
谷口勇仁・小山嚴也 (2007)「雪印乳業集団食中毒事件の新たな解釈—汚染脱脂粉乳製造・出荷プロセスの分析—」『組織科学』41(1):77-88。
田尾雅夫 (1999)『組織の心理学 [新版]』有斐閣。
Turner, M. E., Pratkanis, A. R. (1998) "Twenty-Five Years of Groupthink Theory and Research: Lessons from the Evaluation of a Theory," *Organizational Behavior and Human Decision Processes*, 73 (2/3):105-115.
上田泰 (1997)『個人と集団の意思決定—人間の情報処理と判断ヒューリスティックス—』文眞堂。
上田泰 (2003)『組織行動研究の展開』白桃書房。
梅津光弘 (2005)「改正連邦量刑ガイドラインとその背景—企業倫理の制度化との関係から—」『三田商学研究』48(1):148-156。
梅津光弘 (2007)「企業経営をめぐる価値転換」企業倫理研究グループ『日本の企業倫理—企業倫理の研究と実践—』白桃書房, 1-20。
Vaughan, D. (1990) "Autonomy, Interdependence, and Social Control: NASA and the Space Shuttle Challenger," *Administrative Science Quarterly*, 35(2):225-257.
Vaughan, D. (1996) *The Challenger Launch Decision: Risky Technology, Culture, and Deviance at NASA*, the University of Chicago Press.
Vaughan, D. (1998) "Rational Chioce, Situated Action, and The Social Control of Organizations," *Law and Society Review*, 32(1):23-61.
ワイク, K. E. 著, 遠田雄志訳 (1997)『組織化の社会心理学 [第2版]』文眞堂 (Weick, K. E., 1979, *The Social Psychology of Organizing, 2nd ed.*, Addison-Wesley)。
Weick, K. E. (1987) "Organizational Culture as a Source of High Reliability", *California Management Review*, 29(2):112-127.
Weick, K. E., Roberts, K. H. (1993) "Collective Mind in Organizations: Heedful Interrelating on Flight Decks," *Administrative Science Quarterly*, 38(3):357-381.
ワイク, K. E.・サトクリフ, K. M. 著, 西村行功訳 (2002)『不確実性のマネジメント—危機を事前に防ぐマインドとシステムを構築する—』ダイヤモンド社 (Weick, K. E., Sutcliffe, K. M., 2001, *Managing the Unexpected: Resilient Performance in an Age of Uncertainty*, Jossey-Bass)。
山口裕幸・髙橋潔・芳賀繁・竹村和久 (2006)『産業・組織心理学—経営とワーク

ライフを生かそう!―』有斐閣。
やまざき ようこ・榊田みどり・大石和男・岸康彦(2004)『雪印100株運動―起業の原点・企業の責任―』創森社。
好井久雄・金子安之・山口和夫(1995)『食品微生物学ハンドブック』技報堂出版。
雪印乳業史編纂委員会編(1961)『雪印乳業史 Vol. 2』雪印乳業。
雪印乳業史編纂委員会編(1985)『雪印乳業沿革史』雪印乳業。
雪印食中毒事件に係る厚生省・大阪市原因究明合同専門家会議(2001)「雪印乳業食中毒事件の原因究明調査結果について(最終報告)―低脂肪乳等による黄色ブドウ球菌エンテロトキシンA型食中毒の原因について―」『食品衛生研究』51(2): 17-91。

人名索引

欧文

Allison, G. T.（アリソン，G. T.）................ 162
Collins, H.（コリンズ，H.）
.... 164
Dekker, S.（デッカー，S.）
.... 10, 73
Driscoll, D. M.（ドリスコル，D. M.）................52, 53, 62
Esser, J. K.（エッサー，J. K.）................36
Fayol, H.（ファヨール，H.）
................37
Finkelstein, S.（フィンケルシュタイン，S.）......100, 112, 114, 115, 118, 119
Freeman, R. E.（フリーマン，R. E.）................51
Hawkins, F. H.（ホーキンス，F. H.）................25, 26
Heinrich, H. W.（ハインリッヒ，H. W.）................29
Hoffman, W. M.（ホフマン，W. M.）................52, 53, 62
Hobbs, A.（ホッブス，A.）
................19, 20, 25
Janis, I. L.（ジャニス，I. L.）
.... 30, 31, 34, 73
LaPorte, T. R.（ラポルテ，T. R.）................43
Maathai, W.（マータイ，W.）................ 147
Mintzberg, H.（ミンツバーグ，H.）................ 165
Mitchell, L. E.（ミッチェル，L. E.）................50, 51, 62
Mitroff, I. I.（ミトロフ，I. I.）................ 38, 63
Norman, D. A.（ノーマン，D. A.）................21, 27, 81
Paine, L. S.（ペイン，L. S.）
................53
Park, W. W.（パーク，W. W.）................36

Perrow, C.（ペロー，C.）
................43, 159
Peters, T. J.（ピーターズ，T. J.）................14
Pinch, T.（ピンチ，T.）
.... 164
Porter, M. E.（ポーター，M. E.）................13
Rassmussen, J.（ラスムッセン，J.）................22
Reason, J.（リーズン，J.）
.... 9, 11, 18-24, 25, 28, 62, 68, 150, 151
Roberts, K. H.（ロバーツ，K. H.）................43
Rochlin G. I.（ロックリン，G. I.）................43
Rosenzweig, P.（ローゼンツワイグ，P.）................ 14, 74
Scott, W. R.（スコット，W. R.）................43
Stweart, D.（スチュアート，D.）................ 153
Sutcliffe, K. M.（サトクリフ，K. M.）... 43, 44, 47, 48, 63, 142, 171
Vaughan, D.（ヴォーン，D.）........54, 56, 57, 59, 60, 63, 80, 144, 163
Waterman, R. H.（ウォーターマン，R. H.）................14
Weick, K. E.（ワイク，K. E.）..... 43, 44, 47, 48, 63, 140-142, 170, 171

あ 行

浅尾努................87, 123
上田泰................ 35, 68, 160
内田幸生................ 119, 125
梅津光弘................ 51, 52
大久保龍朗................ 119
岡田佳男................ 119
荻原秀輝................ 119

か 行

海保博之......... 19, 21, 22, 27
加護野忠男.................. 6
亀井利明.................. 37, 63
桑田耕太郎.................. 170
小松原明哲..................25
小室達章..................37
今野裕之........ 84, 112-114, 118, 119

さ 行

櫻井克彦..................52
佐藤郁哉........ 109, 112, 117

た 行

田尾雅夫................76, 170
竹内宏高.................. 138, 142
田辺文也......... 19, 21, 22, 27
出見世信之..................50

な 行

中尾政之..................2, 84, 127
中西晶..................45, 47, 75
西本直人..................43, 47, 75
沼上幹..................12, 165
野中郁次郎.................. 138, 142

は 行

芳賀繁.................. 19, 29
日和佐信子.................. 127
福島真人..................47
福永晶彦... 100, 112, 115, 118
藤原邦達......84, 112, 113, 121

ま 行

南方哲也.................. 37, 38
村上陽一郎.................. 155

や 行

山口裕幸.................. 19, 21
やまざきようこ.................. 127
山田敏之........100, 112, 115, 118, 119
山田真茂留...... 109, 112, 117

事項索引

欧文

- 4M ……………………………25
- 5M ……………………………25
- accident ……………………10
- ATS モデル …………………21
- CI …………………………116
- D-0 ………………………110
- GEMS ………………………21
- HACCP ……………………109
- MECE ………………………77
- m-SHEL モデル ……………26
- NASA ………………………56
- O-リング …………………55
- PDCA サイクル ……………41
- SHEL モデル …………25, 26

あ 行

- 悪しき信念 …………………153
- アース神話 …………………145
- アフォーダンス …27, 80, 143
- 安全性軽視 ………………3, 4
- 安全文化 ………………67, 68
- 安全文化の構築 ……………167
- 一般理論 ……………………72
- 意図せざる結果 ……12, 19, 70
- 意図せざる結果アプローチ
  ……………………………78
- 意図の形成 …………………22
- インターロック ……………27
- エクセレント・カンパニー
  ……………………………14
- エンテロトキシン ……92, 122
- エンテロトキシンA型
  ………………………87, 99
- 黄色ブドウ球菌 …91, 98, 122
- 大阪工場 ……………………85
- 大阪市環境保健局 …………108
- オミッションエラー ………25

か 行

- 回顧的アプローチ ……72, 78
- 改善活動 ……………………154
- 価値共有型 …………………52
- 我満の限界 ………………… 1

- 寒天平板法 …………………94
- 完璧人間像 …………………20
- 企業事件 ……………… 11, 12
- 企業事故 …………………9-15
- 企業の無責任生 ……………50
- 企業不祥事 …………… 11, 49
- 企業目的 ……………………71
- 企業倫理研究 …… 17, 49, 50,
  54, 62, 66
- 企業倫理の欠如 ……………49
- 技術的逸脱の標準化 …… 18,
  54-57, 59, 60, 62, 66, 144
- 教訓化の失敗 ………………117
- 教訓の忘却 …………………117
- 凝集性 ………………………31
- ぐうたら人間像 ……………20
- 草重役 ……………………111
- クライシスマネジメント
  ……………………………38
- 検査工程 ……………………93
- 現場における安全意識の欠落
  ……………………………76
- 現場における文化の形成
  ……………………………57
- 高信頼性組織 ………………43
- 高信頼性組織研究 ……… 17,
  42, 43, 47, 48, 62, 66
- 厚生省・大阪市原因究明合同
  専門家会議 ……………108
- 顧客重視パラダイム ………156
- コスト優先パラダイム
  …………………………129
- 個別理論 ……………………72
- コミッションエラー ………25
- ゴーレム …………………165
- コンティンジェンシープラン
  ……………………… 34, 41
- コンプライアンスマネジメン
  ト ………………………52
- コンプライアンス型 ………52
- コンプライアンス戦略 ……60
- コンプライアンスマネジメン
  ト ………………………52

さ 行

- サイオコール社 ……………56
- 最後の藁 …………………… 1
- 作業の不備 …………………75
- 作業パラダイム …… 128, 146
- 殺菌工程 ……………………92
- 殺菌神話 ……… 126, 127, 134
- 事故ゼロ運動 ………………171
- 失敗 …………………………13
- ジャーゴン ………………138
- 集団思考 ……………………30
- 集団思考研究 …… 17, 30, 31,
  35, 36, 62, 66
- 手段 ………………………135
- 出荷基準 …………………120
- 循環論法 …………… 4, 67, 68
- 純粋リスク …………………37
- 職場の構造的機密性 ………59
- 白いものは床に流すな …124
- 神話 ………………………133
- 神話の解体 ………… 140, 160
- 神話の生成・強化 …………136
- 神話のダイナミクス ………135
- 神話の崩壊 ………… 134, 139
- スイスチーズモデル ………28
- スキーマ ……………………22
- スキーマの活性化 …………22
- スキーマのトリガリング
  ……………………………22
- ステイクホルダー …… 10, 51
- ステイクホルダー・ダイアロ
  グ ………………………52
- ステイクホルダーマネジメン
  ト ………………………52
- ステイクホルダーモデル
  ……………………………51
- スリップ ……………… 21, 24
- 製造の文化 …………………58
- 世界で最も危険な4.5エー
  カー ……………………44
- 絶対的基準 …………………13
- 全社員に告ぐ ……………102
- 相対的基準 …………………13
- 組織の不備 …………………76

事項索引

た 行

大樹工場……………… 85, 96
ダイナミックな無風状態
　…………………………… 170
タイレノール毒物混入事件
　………………………………38
他山の石………………………47
脱脂粉乳………………………89
脱脂粉乳製造・出荷プロセス
　………………………………88
チャレンジャー号事件
　……………………… 54, 55
中範囲理論……………………72
中和神話……………………145
貯蔵神話……………………145
手続き………………………133
手続きの形骸化……………160
手続きの神話化……126, 134,
　　　　　　　　　　159, 160
手抜き………………………155
デビル効果……………………74
デビルスアドボケート………35
投機的リスク…………………37
当事者の論理………………5, 6
毒素…………………………92

な 行

ナイチンゲールパラダイム
　……………………………156
ノーマルアクシデント

　………………………… 159

は 行

ハインドサイトバイアス
　………………………………73
ハインリッヒの法則…………29
ハロー効果……………………74
反面教師………………………47
ヒヤリハット…………………29
ヒューマンエラー……………18
ヒューマンエラー研究… 17,
　………………18-21, 30, 62, 66
ヒューリスティクス…… 160
評価………………………… 135
フェイルセーフ………………29
物理的説明………………… 2, 3
フールプルーフ………………29

ま 行

マインド………………………44
マインドガード………………33
マジックワード………………69
ミステイク…………… 21, 24
メタファー………………… 138
もったいない……… 124, 146
もったいないパラダイム
　…………………… 129, 147, 154

や 行

八雲工場………………………99
八雲事件… 100, 111, 117, 121
雪印食品牛肉偽装事件………83

雪印食中毒事件に係る厚生省・
　大阪市原因究明合同専門家
　会議 ……………… 108, 112
雪印乳業株式会社……………83
雪印乳業集団食中毒事件
　……… 83-58, 87, 107-109,
　　113-115, 117-119, 129, 130
雪印メグミルク株式会社
　………………………………83
ゆでガエル………………… 170
抑止戦略………………………60

ら 行

ラプス…………………………24
利益優先主義…………3, 4, 50
利益優先パラダイム……129,
　　　　　　　　　148, 154
リスクアセスメント…………39
リスクコントロール…………40
リスクファイナンス…………40
リスクマネジメント…………37
リスクマネジメント研究
　………… 17, 37, 39, 42, 62, 66
リスクマネジメントシステム
　………………………………67
連邦量刑ガイドライン………50
労働災害………………………11
ロックアウト…………………27
ロックイン……………………27
ロールモデル…………………47

185

▰ 著者紹介

谷口　勇仁（たにぐち　ゆうじん）
1967年　広島県に生まれる
1990年　名古屋大学理学部卒業
1993年　名古屋大学大学院理学研究科修士課程修了
1996年　名古屋大学大学院経済学研究科修士課程修了
1999年　名古屋大学大学院経済学研究科博士後期課程単位修得退学
2000年　名古屋大学博士（経済学）
2000年　北海道大学大学院経済学研究科専任講師
2001年　北海道大学大学院経済学研究科助教授（准教授）
2010年　北海道大学大学院経済学研究科教授
現在に至る

【主要業績】
「ステイクホルダーモデルの脱構築」『日本経営学会誌』第9号，2003年．（共著）
「雪印乳業集団食中毒事件の新たな解釈―汚染脱脂粉乳製造・出荷プロセスの分析―」『組織科学』第41巻第1号，2007年．（共著）
「イノベーションと企業不祥事　―企業活動の光と影―」日本経営学会編『日本企業のイノベーション（経営学論集第79集）』千倉書房，2009年．
「企業におけるソーシャルイシューの認識－雪印はなぜ2回目の不祥事を防げなかったのか－」日本経営学会誌，第26号，2010年．（共著）

▰ 企業事故の発生メカニズム
　　――「手続きの神話化」が事故を引き起こす

▰ 発行日――2012年6月26日　初版発行　　　〈検印省略〉

▰ 著　者――谷口勇仁
▰ 発行者――大矢栄一郎
▰ 発行所――株式会社　白桃書房
　　　　　　〒101-0021　東京都千代田区外神田5-1-15
　　　　　　☎03-3836-4781　℻03-3836-9370　振替00100-4-20192
　　　　　　http://www.hakutou.co.jp/

▰ 印刷・製本――松澤印刷

© Eugene Taniguchi 2012　Printed in Japan　ISBN 978-4-561-26582-5 C3034

本書のコピー，スキャン，デジタル化等の無断複製は著作権法上での例外を除き禁じられています。本書を代行業者等の第三者に依頼してスキャンやデジタル化することは，たとえ個人や家庭内の利用であっても著作権法上認められておりません。

JCOPY　〈㈳出版者著作権管理機構　委託出版物〉
本書の無断複写は著作権法上での例外を除き禁じられています。複写される場合は，そのつど事前に，㈳出版者著作権管理機構（電話03-3513-6969，FAX 03-3513-6979，e-mail:info@jcopy.co.jp）の許諾を得てください。

落丁本・乱丁本はおとりかえいたします。

好 評 書

企業倫理研究グループ著／中村瑞穂代表
日本の企業倫理　　　　　　　　　　　　　　　　　　　本体価格 2800 円
　―企業倫理の研究と実践―

D. スチュアート著　企業倫理研究グループ訳／中村瑞穂代表
企業倫理　　　　　　　　　　　　　　　　　　　　　　本体価格 3000 円

R.E. フリーマン／J.S. ハリソン／A.C. ウィックス著
中村瑞穂訳者代表
利害関係者志向の経営　　　　　　　　　　　　　　　　本体価格 3300 円
　―存続・世評・成功―

小山嚴也著
CSR のマネジメント　　　　　　　　　　　　　　　　　本体価格 2600 円
　―イシューマイオピアに陥る企業―

黒川保美・赤羽新太郎編著
CSR グランド戦略　　　　　　　　　　　　　　　　　　本体価格 2381 円

斎藤悦子著
CSR とヒューマン・ライツ　　　　　　　　　　　　　　本体価格 3000 円
　―ジェンダー，ワーク・ライフ・バランス，障害者雇用の企業文化的考察―

──────────── 東京 **白桃書房** 神田 ────────────

本広告の価格は本体価格です。別途消費税が加算されます。

好 評 書

日本経営倫理学会・(社) 経営倫理実践研究センター監修
高橋浩夫編
トップ・マネジメントの経営倫理　　　　　　　　本体価格 2600 円

高橋浩夫著
グローバル企業のトップマネジメント　　　　　　本体価格 2500 円
―本社の戦略的要件とグローバルリーダーの育成―

葉山彩蘭著
企業市民モデルの構築　　　　　　　　　　　　　本体価格 2800 円
―新しい企業と社会の関係―

森本三男著
企業社会責任の経営学的研究　　　　　　　　　　本体価格 3900 円

横山恵子著
企業の社会戦略と NPO　　　　　　　　　　　　　本体価格 2800 円
―社会的価値創造にむけての協働型パートナーシップ―

H. ミンツバーグ著　奥村哲史・須貝栄訳
マネジャーの仕事　　　　　　　　　　　　　　　本体価格 3200 円

――――――――――――――― 東京 **白桃書房** 神田 ―――――――――――――――
本広告の価格は本体価格です。別途消費税が加算されます。

経営倫理用語辞典

日本経営倫理学会編

本体価格2600円

日本経営倫理学会が総力を挙げ編纂した，本邦初の本格的な用語辞典。経営学，倫理学はもとより，経済学，哲学，社会学，法学，心理学，宗教学，教育学，環境学といった内容から項目を厳選。経営倫理関係者の必携必備図書！

本広告の価格は消費税抜きです。別途消費税が加算されます。

東京　白桃書房　神田